Rust für Entwickler

Effizient und sicher programmieren

Philipp Sattler

Impressum

1. Auflage

ISBN:	9798344961064
Autor:	Philipp Sattler c/o COCENTER Koppoldstr. 1 86551 Aichach
Internet:	www.philippsattler.de
Mail:	hi@philippsattler.de

Über dieses Buch

Copyright

Haftungsausschluss

Inhalt

Vorwort

Rust ist eine moderne Sprache, die für hohe Leistung und Speicherverwaltungssicherheit entwickelt wurde und sich immer mehr als eine der zukunftsweisenden Technologien in der Softwareentwicklung etabliert. Die Sprachfeatures von Rust ermöglichen es Entwicklern, robusten und effizienten Code zu schreiben, der sich besonders für sicherheitskritische, hochperformante Anwendungen eignet – von Embedded- und Systemprogrammierung bis hin zu Webanwendungen und komplexen Datensystemen.

In den folgenden Kapiteln führen wir Sie Schritt für Schritt in die Welt von Rust ein. Wir legen besonderen Wert auf praxisorientierte Erklärungen und viele Beispiele, die Ihnen helfen, die verschiedenen Konzepte von Grund auf zu verstehen. Rust mag am Anfang fordernd erscheinen, doch gerade diese Herausforderung trägt dazu bei, Programmierfähigkeiten und Denkmuster zu entwickeln, die weit über Rust hinaus nützlich sind. Unser Ziel ist es, Ihnen nicht nur das Wissen über die Sprache selbst zu vermitteln, sondern auch einen strukturierten Zugang zu der modernen Systemprogrammierung zu eröffnen.

Lassen Sie sich von Rusts Leistungsfähigkeit und Sicherheit begeistern – und entdecken Sie mit uns, wieviel Potenzial in dieser Sprache steckt. Wir wünschen Ihnen viel Freude und Erfolg beim Lernen und Anwenden von Rust.

Kapitel 1: Einführung in Rust

1.1 Was ist Rust?

Rust ist eine moderne Programmiersprache, die ursprünglich von Mozilla Research entwickelt wurde und 2010 erstmals vorgestellt wurde. Rust zeichnet sich durch seine hohen Anforderungen an Systemsicherheit, Leistung und Parallelität aus. Diese Eigenschaften machen es besonders attraktiv für die Entwicklung von Systemanwendungen, aber auch für Web-Backend-Services und eingebettete Systeme.

Rust wurde entwickelt, um einige der grundlegenden Probleme traditioneller systemnaher Programmiersprachen wie C und C++ zu lösen, insbesondere in den Bereichen Speichersicherheit und Thread-Sicherheit. Rust erreicht dies durch ein einzigartiges Ownership-Modell, das es ermöglicht, speicher- und threadsichere Programme zu schreiben, ohne auf eine Garbage Collection (GC) angewiesen zu sein. Dadurch wird Rust sowohl schnell als auch sicher.

Warum Rust?

- **Speichersicherheit ohne Garbage Collection**: Rust erzwingt Speichersicherheit zur Kompilierzeit, was Fehler wie Null-Pointer-Dereferenzen und Datenrennen verhindert.
- **Hervorragende Leistung**: Da Rust keine Laufzeit oder Garbage Collection verwendet, hat es eine ähnliche Leistung wie C und C++.
- **Parallele Programmierung**: Rust bietet leistungsstarke Abstraktionen zur Unterstützung von Nebenläufigkeit und Parallelität ohne die typischen Fehlerquellen wie Datenrennen.

1

- **Große und aktive Community**: Die Rust-Community ist bekannt für ihre Hilfsbereitschaft und Freundlichkeit. Es gibt umfassende Dokumentationen, Tutorials und viele Open-Source-Projekte.

1.2 Rust in der Praxis

Rust hat sich in einer Vielzahl von Bereichen etabliert. Einige Anwendungsbereiche sind:

- **Systemprogrammierung**: Rust eignet sich hervorragend für Betriebssysteme, Gerätetreiber und Embedded Systems, bei denen Kontrolle über den Speicher und die Hardware wichtig ist.
- **Webentwicklung**: Mit Frameworks wie Rocket und Actix ermöglicht Rust die Erstellung hochperformanter Web-Backends.
- **Kryptographie**: Da Rust speichersicher ist und auf maximale Leistung optimiert werden kann, eignet es sich für kryptographische Algorithmen und Systeme.
- **Spieleentwicklung**: Durch seine Performance und Speicherkontrolle ist Rust eine gute Wahl für die Entwicklung von Game Engines und Spielen.

1.3 Schlüsselkonzepte von Rust

Rust bringt einige neue Konzepte mit, die in anderen Programmiersprachen oft nicht zu finden sind oder anders gehandhabt werden. Die wichtigsten Konzepte, die es zu verstehen gilt, sind:

1.3.1 Ownership (Besitz)

Rust verwaltet den Speicher durch ein Ownership-System. Dieses Konzept ist zentral in Rust und hilft, typische Speicherfehler wie doppelte Freigaben oder Dangling Pointers zu vermeiden.

- **Jeder Wert in Rust hat einen Besitzer**: Eine Variable, die einen Wert speichert, ist dessen Besitzer.
- **Ein Wert kann immer nur einen Besitzer zu einem Zeitpunkt haben**: Wenn ein Wert von einer Variablen zu einer anderen verschoben wird, verliert die erste Variable den Besitz.
- **Der Wert wird freigegeben, wenn der Besitzer aus dem Gültigkeitsbereich geht**: Rust befreit den Speicher automatisch, wenn der Besitzer des Werts nicht mehr benötigt wird.

Beispiel:

```
fn main() {

    let s1 = String::from("Hallo");

    let s2 = s1; // Ownership wird von s1 nach s2
verschoben

    // println!("{}", s1); // Dies wuerde einen
Fehler verursachen, da s1 kein Besitzer mehr ist.

    println!("{}", s2); // Funktioniert, weil s2
jetzt der Besitzer ist.

}
```

1.3.2 Borrowing und Referenzen

Um das Problem zu umgehen, dass ein Wert immer nur einen Besitzer haben kann, bietet Rust das Konzept des „Borrowings" (Ausleihen) an. Anstatt den Besitz eines Werts zu übertragen, kann man eine Referenz (Verweis) auf den Wert ausleihen.

Es gibt zwei Arten von Borrowing:

- **Unveränderliche Referenzen** (&T): Eine unveränderliche Referenz erlaubt das Auslesen eines Werts, aber nicht seine Modifikation. Mehrere unveränderliche Referenzen können gleichzeitig existieren.
- **Veränderliche Referenzen** (&mut T): Eine veränderliche Referenz erlaubt sowohl das Auslesen als auch das Modifizieren eines Werts, allerdings kann es nur eine veränderliche Referenz zu einem bestimmten Zeitpunkt geben.

Beispiel:

```
fn main() {

    let mut s = String::from("Hallo");

    change(&mut s); // Wir leihen uns eine
veraenderliche Referenz aus

    println!("{}", s);

}


fn change(s: &mut String) {
```

```
        s.push_str(", Welt");

}
```

1.3.3 Lebensdauern (Lifetimes)

Lebensdauern sind ein weiteres Konzept in Rust, das sicherstellt, dass Referenzen immer gültig bleiben. Rust nutzt Lebensdauern, um sicherzustellen, dass Referenzen nicht „hängen" bleiben, wenn der ursprüngliche Wert bereits freigegeben wurde. In den meisten Fällen kann der Compiler die Lebensdauern automatisch bestimmen, aber manchmal muss man sie explizit angeben.

Beispiel:

```
fn laengste<'a>(x: &'a str, y: &'a str) -> &'a str
{

    if x.len() > y.len() {

    x

    } else {

    y

    }

}


fn main() {
```

```
let string1 = String::from("Lang");

let string2 = "Kurz";

let result = laengste(&string1, string2);

println!("Das laengste String ist: {}",
result);

}
```

1.4 Die Toolchain von Rust

Rust bietet eine hervorragende Toolchain, die aus verschiedenen Komponenten besteht, um die Entwicklung so einfach wie möglich zu gestalten:

- `cargo`: Das Build-System und der Paketmanager von Rust. Mit `cargo` können Sie Projekte erstellen, Abhängigkeiten verwalten, Tests ausführen und vieles mehr.
- `rustc`: Der Rust-Compiler, der den Rust-Code in Maschinencode übersetzt.
- `rustfmt`: Ein Tool, das den Code gemäß den Rust-Formatierungsrichtlinien automatisch formatiert.
- `clippy`: Ein Linter, der den Code auf mögliche Verbesserungen oder Probleme hin überprüft.

Beispiel für die Verwendung von `cargo`:

```
$ cargo new mein_projekt

$ cd mein_projekt
```

```
$ cargo build

$ cargo run
```

Diese Befehle erstellen ein neues Projekt, kompilieren den Code und führen das Programm aus.

1.5 Zusammenfassung

Rust ist eine mächtige Programmiersprache, die Systemsicherheit, Leistung und Parallelität in einer modernen Syntax vereint. In diesem Kapitel haben wir die grundlegenden Konzepte von Rust wie Ownership, Borrowing und Lifetimes behandelt und die Vorteile der Sprache aufgezeigt. Im nächsten Kapitel werden wir einen tieferen Einblick in die Syntax und die grundlegenden Strukturen von Rust werfen und ein erstes kleines Programm schreiben.

Kapitel 2: Grundlegende Syntax und Strukturen

Nachdem wir im ersten Kapitel die Konzepte und Eigenschaften von Rust kennengelernt haben, wollen wir nun in die konkrete Programmierung einsteigen. In diesem Kapitel betrachten wir die grundlegende Syntax von Rust, den Aufbau eines einfachen Programms und die wichtigsten Sprachelemente wie Variablen, Kontrollstrukturen, Funktionen und Datenstrukturen.

2.1 Aufbau eines Rust-Programms

Jedes Rust-Programm beginnt mit einer Funktion namens `main`. Diese Funktion ist der Einstiegspunkt in das Programm, ähnlich wie in anderen Programmiersprachen wie C oder C++. Der minimale Code, um ein Rust-Programm zu schreiben, sieht wie folgt aus:

```
fn main() {

    println!("Hallo, Welt!");

}
```

Hier eine kurze Erklärung zu den Bestandteilen dieses Programms:

- `fn main()`: Dies ist die Definition der `main`-Funktion. In Rust werden Funktionen mit dem Schlüsselwort `fn` definiert. Die Klammern `()` kennzeichnen, dass diese Funktion keine Argumente erwartet.
- `println!`: Dies ist ein Makro, das eine Zeichenkette in der Konsole ausgibt. Makros in Rust enden immer mit einem Ausrufezeichen `!`, um sie von normalen Funktionen zu unterscheiden.
- `;`: Jede Anweisung in Rust endet mit einem Semikolon.

Wenn du dieses Programm kompilierst und ausführst, wird in der Konsole die Nachricht "Hallo, Welt!" ausgegeben.

2.2 Variablen und Unveränderlichkeit

In Rust sind Variablen standardmäßig unveränderlich, was bedeutet, dass ihr Wert nach der Zuweisung nicht mehr geändert werden kann. Das folgende Beispiel zeigt, wie eine unveränderliche Variable deklariert wird:

```
fn main() {

    let x = 5;

    println!("Der Wert von x ist: {}", x);

}
```

- `let x = 5;`: Die `let`-Anweisung deklariert eine Variable. In diesem Fall ist x eine unveränderliche Variable mit dem Wert 5.
- `println!("Der Wert von x ist: {}", x);`: Hier wird der Wert von x in der Ausgabe angezeigt. Das `{}` Platzhalter wird durch den Wert von x ersetzt.

Veränderbare Variablen

Um eine veränderbare Variable zu erstellen, muss das Schlüsselwort `mut` verwendet werden:

```
fn main() {

    let mut x = 5;

    println!("Der Wert von x ist: {}", x);

    x = 6;

    println!("Der neue Wert von x ist: {}", x);

}
```

Hier kann der Wert von x nach seiner Deklaration geändert werden, weil die Variable als veränderbar (mut) markiert wurde.

Schatten von Variablen

Rust erlaubt das **Schatten** von Variablen, was bedeutet, dass man eine neue Variable mit demselben Namen wie eine bestehende Variable deklarieren kann. Dies ersetzt jedoch die vorherige Variable:

```
fn main() {

    let x = 5;

    let x = x + 1;   // x wird „ueberschattet"

    println!("Der Wert von x ist: {}", x);   //
Ausgabe: 6

}
```

Durch das erneute Verwenden von let für dieselbe Variable kann man sie überschatten und einen neuen Wert zuweisen.

2.3 Datentypen

Rust ist eine statisch typisierte Sprache, was bedeutet, dass der Typ jeder Variablen zur Kompilierzeit bekannt sein muss. Rust versucht jedoch, den Typ der Variablen zu erraten (Typinferenz), aber man kann den Typ explizit angeben, wenn nötig.

Skalare Datentypen

Skalare Werte repräsentieren eine einzige Einheit. Die vier primären Skalartypen in Rust sind:

- **Ganzzahlen**: i32 (Standard), u32, i64, u64, etc.
- **Gleitkommazahlen**: f32, f64 (Standard)
- **Boolesche Werte**: bool (true oder false)
- **Zeichen**: char, das Unicode-Zeichen repräsentiert (z.B. 'a', 'ß', '😊')

Beispiel:

```
fn main() {

    let ganzzahl: i32 = 42;
    let gleitkommazahl: f64 = 3.1415;
    let wahrheitswert: bool = true;
    let zeichen: char = 'Z';


    println!("Ganzzahl: {}, Gleitkommazahl: {},
Wahrheitswert: {}, Zeichen: {}", ganzzahl,
gleitkommazahl, wahrheitswert, zeichen);

}
```

Compound-Typen

Rust unterstützt zwei Haupttypen für die Speicherung mehrerer Werte: Tupel und Arrays.

Tupel

Tupel können Werte mit unterschiedlichen Typen enthalten:

```
fn main() {

    let tupel: (i32, f64, char) = (500, 6.4,
'x');
```

```
    let (x, y, z) = tupel;

    println!("Der Wert von y ist: {}", y);
}
```

Man kann auf die Werte eines Tupels auch durch Indizes zugreifen:

```
println!("Erster Wert: {}", tupel.0);
```

Arrays

Arrays haben eine feste Länge und können nur Werte desselben Typs speichern:

```
fn main() {

    let arr = [1, 2, 3, 4, 5];

    let erster_wert = arr[0];

    println!("Erster Wert: {}", erster_wert);
}
```

2.4 Funktionen

Funktionen sind in Rust ein zentrales Element, und sie folgen einer klaren Struktur. Funktionen in Rust werden mit dem Schlüsselwort fn deklariert. Ein Beispiel:

```
fn main() {

    begrueßung();
```

```
}


fn begrueßung() {

    println!("Willkommen in Rust!");

}
```

Funktionen mit Parametern

Funktionen können Parameter annehmen, die beim Aufruf der Funktion übergeben werden:

Hier übergeben wir den Wert 5 als Argument an die Funktion quadrat, die den Wert quadriert und ausgibt.

Rückgabewerte

Funktionen in Rust können auch Werte zurückgeben. Rückgabewerte werden nach einem Pfeil -> angegeben. Der Rückgabewert muss nicht explizit mit dem Schlüsselwort return angegeben werden, solange der letzte Ausdruck den Rückgabewert liefert:

```
fn main() {

    let ergebnis = addiere(5, 3);

    println!("Das Ergebnis ist {}", ergebnis);

}
```

```
fn addiere(x: i32, y: i32) -> i32 {

    x + y // Kein `;` bedeutet, dass dies der
Rueckgabewert ist

}
```

2.5 Kontrollstrukturen

Bedingte Anweisungen: if

Die if-Anweisung in Rust funktioniert wie in anderen Sprachen, aber in Rust muss der Ausdruck in den Klammern einen booleschen Wert liefern:

```
fn main() {
    let zahl = 7;
    if zahl < 5 {

    println!("Die Zahl ist kleiner als 5");

    } else {

    println!("Die Zahl ist 5 oder groeßer");

    }

}
```

Schleifen: loop, while, for

Rust bietet drei Hauptarten von Schleifen:

- **loop**: Eine Endlosschleife, die nur durch explizites break beendet wird.

```
fn main() {

    let mut zahl = 0;


    loop {

    zahl += 1;

    if zahl == 3 {

        break;

    }

    println!("Zahl ist {}", zahl);

    }
}
```

while: Eine Schleife, die solange ausgeführt wird, wie eine Bedingung true ist.

```
fn main() {

    let mut zahl = 3;


    while zahl != 0 {

    println!("Zahl ist {}", zahl);
```

```
        zahl -= 1;

    }

}
```

for: Iteriert über eine Sammlung oder einen Bereich.

```
fn main() {

    for zahl in 1..4 {

    println!("Zahl ist {}", zahl);

    }

}
```

2.6 Zusammenfassung

In diesem Kapitel haben wir die grundlegenden Elemente der Rust-Syntax und Struktur kennengelernt. Von der Variablen-Deklaration über Datentypen bis hin zu Funktionen und Kontrollstrukturen – all diese Elemente bilden das Fundament, auf dem jedes Rust-Programm aufbaut. Im nächsten Kapitel werden wir tiefer in die Speicherverwaltung und das Ownership-Modell eintauchen, das Rust zu einer so sicheren und leistungsfähigen Sprache macht.

Kapitel 3: Ownership, Borrowing und Speichermanagement

Eines der herausragendsten Merkmale von Rust ist sein **Ownership-Modell**. Dieses Modell regelt, wie der Speicher in einem Programm verwaltet wird und bietet eine einzigartige Lösung für Probleme wie Speicherlecks und Datenrennen, die in anderen Sprachen oft vorkommen. In diesem Kapitel werden wir die Konzepte **Ownership**, **Borrowing** und **Lifetimes** ausführlich erklären und zeigen, wie Rust dadurch speichersicher bleibt, ohne dass eine Garbage Collection notwendig ist.

3.1 Was ist Ownership?

Ownership ist das zentrale Konzept in Rust, das bestimmt, wie Speicher zugewiesen und freigegeben wird. Das Ownership-System besteht aus drei wichtigen Regeln, die sicherstellen, dass der Speicher eines Programms korrekt verwaltet wird.

3.1.1 Die drei Regeln des Ownership

1. **Jeder Wert hat einen Besitzer**
   Jeder Wert, der in Rust erstellt wird, gehört einer Variablen. Diese Variable ist der **Besitzer** des Werts.
2. **Es kann immer nur einen Besitzer geben**
   Zu einem Zeitpunkt kann es nur eine Variable geben, die den Wert besitzt. Wenn der Besitz an eine andere Variable übertragen wird, verliert die ursprüngliche Variable den Zugriff auf den Wert.
3. **Der Wert wird freigegeben, wenn der Besitzer den Gültigkeitsbereich verlässt**
   Wenn eine Variable aus ihrem Gültigkeitsbereich tritt (z.B. am

Ende einer Funktion oder eines Blocks), wird der von dieser Variable belegte Speicher automatisch freigegeben.

Beispiel:

```
fn main() {

    let s1 = String::from("Hallo");   // s1
besitzt den String

    let s2 = s1;   // Ownership wird von s1 nach
s2 verschoben

    // println!("{}", s1);   // Fehler! s1 ist
nicht mehr gültig.

    println!("{}", s2);   // s2 ist jetzt der
Besitzer des Strings

}
```

In diesem Beispiel sehen wir, dass der Besitz des Strings Hallo von s1 auf s2 übertragen wird. Nach der Zuweisung von s1 an s2 kann s1 nicht mehr verwendet werden, da es nicht mehr der Besitzer des Strings ist. Dieses Verhalten verhindert doppelte Speicherfreigaben und andere Speicherfehler.

3.2 Verschieben vs. Kopieren

Nicht alle Typen in Rust verhalten sich wie der String-Typ im obigen Beispiel. Rust unterscheidet zwischen **Verschieben (Move)** und **Kopieren (Copy)**.

3.2.1 Copy-Typen

Primitive Datentypen wie Ganzzahlen, Booleans und Zeichen haben das **Copy**-Trait. Das bedeutet, dass sie beim Zuweisen an eine andere Variable **kopiert** werden, anstatt verschoben. Diese Typen benötigen keinen exklusiven Besitzer, da sie auf dem Stack gespeichert werden und klein genug sind, um effizient kopiert zu werden.

Beispiel:

```
fn main() {
    let x = 5;   // x besitzt den Wert 5
    let y = x;   // Eine Kopie von x wird an y
uebergeben
    println!("x: {}, y: {}", x, y);   // Beide
Variablen koennen verwendet werden

}
```

In diesem Fall bleibt der Wert von x nach der Zuweisung an y weiterhin verfügbar, da es sich um einen Copy-Typ handelt.

3.2.2 Move-Typen

Für komplexere Datentypen wie String oder Vec (Vektoren) wird der Speicher im Heap verwaltet, und bei der Zuweisung an eine andere Variable wird der Besitzer verschoben. In diesen Fällen erfolgt keine automatische Kopie des Werts.

Beispiel:

```
fn main() {

    let s1 = String::from("Beispiel");
```

```
    let s2 = s1;   // Ownership wird verschoben,
kein Copy!

    // println!("{}", s1);   // Fehler, da s1
keinen Zugriff mehr hat

}
```

Hier wird der Besitz des Strings von s1 nach s2 verschoben. s1 kann nicht mehr verwendet werden, nachdem die Zuweisung erfolgt ist.

3.3 Borrowing und Referenzen

Rust bietet ein weiteres mächtiges Konzept, das als **Borrowing** (Ausleihen) bekannt ist. Anstatt den Besitz eines Werts zu verschieben, können wir eine Referenz auf den Wert **ausleihen**, ohne den Besitz zu ändern. Dies ermöglicht es, auf Werte zuzugreifen, ohne ihre Eigentümerschaft zu übertragen.

3.3.1 Unveränderliche Referenzen

Eine **unveränderliche Referenz** (&T) erlaubt es uns, auf einen Wert zuzugreifen, ohne ihn zu ändern. Mehrere unveränderliche Referenzen können gleichzeitig existieren.

Beispiel:

```
fn main() {

    let s = String::from("Hallo");
```

```
    ausgabe(&s);  // Wir leihen uns eine
unveraenderliche Referenz aus

    println!("s nach dem Aufruf: {}", s);  // s
bleibt weiterhin gueltig

}

fn ausgabe(s: &String) {

    println!("{}", s);

}
```

Hier wird eine unveränderliche Referenz auf s an die Funktion ausgabe übergeben. Der Wert von s bleibt nach dem Funktionsaufruf weiterhin gültig, weil der Besitz nicht verändert wurde.

3.3.2 Veränderliche Referenzen

Wenn wir den Wert, auf den eine Referenz zeigt, ändern möchten, können wir eine **veränderliche Referenz** (&mut T) verwenden. Allerdings darf es zu einem Zeitpunkt nur **eine** veränderliche Referenz auf einen Wert geben. Diese Regel verhindert **Datenrennen**.

Beispiel:

```
fn main() {

    let mut s = String::from("Hallo");
```

```
        aendern(&mut s);  // Eine veraenderliche
Referenz wird uebergeben

        println!("s nach dem Aufruf: {}", s);

}



fn aendern(s: &mut String) {

        s.push_str(", Welt");

}
```

In diesem Fall erlaubt die veränderliche Referenz &mut s der Funktion, den String zu verändern. Es darf jedoch nur eine veränderliche Referenz auf einen Wert zur gleichen Zeit existieren.

3.3.3 Einschränkungen bei Referenzen

Rust erzwingt zwei wichtige Regeln, um Speichersicherheit zu gewährleisten:

1. Zu einem Zeitpunkt darf es entweder beliebig viele unveränderliche Referenzen oder **genau eine** veränderliche Referenz geben, aber nicht beides gleichzeitig.
2. Referenzen müssen immer gültig sein, d.h. sie dürfen nicht auf freigegebenen Speicher zeigen.

Diese Regeln stellen sicher, dass Rust speichersicher ist und verhindern typische Fehler wie Dangling Pointers oder Datenrennen.

3.4 Lifetimes (Lebensdauern)

Ein weiteres wichtiges Konzept, das eng mit Referenzen verknüpft ist, sind **Lifetimes**. Lifetimes helfen Rust dabei, sicherzustellen, dass alle Referenzen gültig bleiben, solange sie benötigt werden. Rust bestimmt die Lebensdauer der meisten Referenzen automatisch, aber es gibt Situationen, in denen wir die Lebensdauer explizit angeben müssen.

3.4.1 Lebensdauer einer Referenz

Die Lebensdauer einer Referenz ist der Zeitraum, in dem die Referenz gültig bleibt, d.h. in dem der referenzierte Wert noch existiert. Rust verwendet **Lebensdaueranmerkungen** ('a), um die Lebensdauer von Referenzen festzulegen.

Beispiel:

```
fn laengste<'a>(x: &'a str, y: &'a str) -> &'a str
{

    if x.len() > y.len() {

    x

    } else {

    y

    }

}

fn main() {

    let string1 = String::from("Lang");
```

```
    let string2 = "Kurz";

    let ergebnis = laengste(&string1, string2);

    println!("Das laengste String ist: {}",
ergebnis);

}
```

In diesem Beispiel gibt die Funktion laengste eine Referenz auf das längere der beiden Strings zurück. Die Lebensdaueranmerkung 'a zeigt an, dass der Rückgabewert mindestens so lange lebt wie die längste der beiden Eingaben. Dies stellt sicher, dass die Referenz gültig bleibt.

3.4.2 Lebensdaueranmerkungen in Funktionen

Manchmal ist es notwendig, die Lebensdauer von Referenzen in Funktionen explizit anzugeben, insbesondere wenn mehrere Referenzen beteiligt sind oder wenn Rückgabewerte von den Lebensdauern abhängen.

Beispiel:

```
fn referenz<'a>(x: &'a i32) -> &'a i32 {

    x

}

fn main() {

    let zahl = 10;
```

```
    let ref_zahl = referenz(&zahl);

    println!("Die Referenz zeigt auf: {}",
ref_zahl);

}
```

In diesem Fall stellt die Lebensdaueranmerkung 'a sicher, dass die
Referenz ref_zahl mindestens so lange gültig bleibt wie zahl.

3.5 Speichersicherheit und Datenrennen verhindern

Das Ownership- und Borrowing-Modell von Rust stellt sicher, dass
Programme **speichersicher** sind. Dadurch werden Fehler wie
dangling references (Referenzen auf freigegebenen Speicher) und
Datenrennen in Multithread-Anwendungen zur Kompilierzeit
verhindert.

- **Dangling References** treten auf, wenn ein Speicherbereich
  freigegeben wird, auf den noch eine Referenz zeigt. Rust
  verhindert dies, indem es sicherstellt, dass keine Referenz
  länger lebt als der zugehörige Speicherbereich.
- **Datenrennen** entstehen, wenn mehrere Threads gleichzeitig
  auf denselben Speicherbereich zugreifen und mindestens
  einer dieser Zugriffe den Speicher verändert. Die
  Einschränkung, dass zu einem Zeitpunkt nur eine
  veränderliche Referenz erlaubt ist, verhindert Datenrennen.

3.6 Zusammenfassung

In diesem Kapitel haben wir das Ownership-Modell, Borrowing und Lifetimes in Rust besprochen. Diese Konzepte machen Rust zu einer einzigartigen Sprache, die eine hohe Speicher- und Thread-Sicherheit gewährleistet, ohne eine Garbage Collection zu benötigen. Mit dem Verständnis dieser Grundlagen können wir sicherstellen, dass unsere Programme effizient und fehlerfrei sind.

Im nächsten Kapitel werden wir tiefer in die Welt der Datentypen und Strukturen eintauchen und lernen, wie man eigene Typen und Strukturen definiert.

Kapitel 4: Strukturen, Enums und Pattern Matching

Rust bietet neben den primitiven Datentypen (wie `i32`, `bool`, etc.) auch erweiterte Möglichkeiten, eigene Datenstrukturen zu definieren. Mit **Strukturen** (Structs) und **Enums** können wir komplexere Datenmodelle erstellen und diese durch **Pattern Matching** gezielt verarbeiten. Diese Werkzeuge sind zentral, wenn es darum geht, reale Problemstellungen in einem Programm abzubilden.

4.1 Strukturen (Structs)

Strukturen ermöglichen es, mehrere Werte mit unterschiedlichen Typen in einem benannten Datentyp zu gruppieren. Sie sind vergleichbar mit Klassen in anderen Programmiersprachen, allerdings ohne Methoden zur Vererbung.

4.1.1 Definieren einer Struktur

Eine Struktur wird mit dem Schlüsselwort struct definiert. Sie besteht aus einer Liste von Feldern, die jeweils einen Namen und einen Typ haben:

Beispiel:

```
struct Benutzer {

    name: String,

    alter: u8,

    aktiv: bool,

}

fn main() {

    let benutzer1 = Benutzer {

    name: String::from("Anna"),

    alter: 30,

    aktiv: true,

    };


    println!("Benutzer: {}, Alter: {}, Aktiv:
{}", benutzer1.name, benutzer1.alter,
benutzer1.aktiv);

}
```

- **Definieren einer Struktur:** Die Struktur `Benutzer` enthält drei Felder: `name` (ein `String`), `alter` (ein `u8`) und `aktiv` (ein `bool`).
- **Erstellen einer Instanz:** Eine Instanz der Struktur wird durch Angabe der Feldnamen und zugehörigen Werte erstellt.
- **Zugriff auf Felder:** Auf die Felder der Struktur kann über den Punktoperator (`.`) zugegriffen werden.

4.1.2 Verwenden des `Struct Update`-Syntax

Rust bietet eine spezielle Syntax, um eine neue Strukturinstanz zu erstellen, die einige Felder von einer bestehenden Instanz übernimmt. Dies ist hilfreich, wenn nur einige Werte geändert werden sollen:

Beispiel:

```
fn main() {

    let benutzer1 = Benutzer {

    name: String::from("Anna"),

    alter: 30,

    aktiv: true,

    };

    let benutzer2 = Benutzer {

    name: String::from("Tom"),

    ..benutzer1  // uebernimmt `alter` und
`aktiv` von benutzer1
```

```
    };

    println!("Benutzer2: {}, Alter: {}, Aktiv:
{}", benutzer2.name, benutzer2.alter,
benutzer2.aktiv);

}
```

In diesem Beispiel übernimmt benutzer2 die Felder alter und aktiv von benutzer1, nur name wird explizit angegeben.

4.1.3 Tuple-Strukturen

Eine **Tuple-Struktur** ist eine spezielle Form von Strukturen, die ähnlich wie ein Tupel arbeitet, jedoch benannte Felder verwendet. Diese Strukturen sind nützlich, wenn du einen neuen Typ definieren möchtest, aber die Namen der Felder nicht wichtig sind.

Beispiel:

```
struct Farbe(i32, i32, i32);   // RGB-Farbwerte

struct Punkt(i32, i32, i32);   // Koordinaten


fn main() {

    let schwarz = Farbe(0, 0, 0);

    let ursprung = Punkt(0, 0, 0);
```

```
    println!("Farbe: ({}, {}, {})", schwarz.0,
schwarz.1, schwarz.2);

    println!("Punkt: ({}, {}, {})", ursprung.0,
ursprung.1, ursprung.2);

}
```

Hier sehen wir, dass Farbe und Punkt zwei unterschiedliche Strukturen sind, obwohl sie beide dieselben Typen enthalten. Der Zugriff auf die Werte erfolgt über ihre Indizes (ähnlich wie bei Tupeln).

4.1.4 Methoden und Implementierungen

In Rust können wir Funktionen definieren, die direkt mit Strukturen verknüpft sind. Diese Funktionen werden als **Methoden** bezeichnet. Methoden werden innerhalb eines impl-Blocks (Implementierungsblock) definiert.

Beispiel:

```
struct Rechteck {

    breite: u32,

    hoehe: u32,

}


impl Rechteck {

    fn flaeche(&self) -> u32 {
```

```
        self.breite * self.hoehe

    }



    fn ist_quadrat(&self) -> bool {

    self.breite == self.hoehe

    }

}



fn main() {

    let rechteck = Rechteck { breite: 30, hoehe:
50 };

    println!("Flaeche: {} Quadratpixel",
rechteck.flaeche());

    println!("Ist Quadrat: {}",
rechteck.ist_quadrat());

}
```

In diesem Beispiel definieren wir die Methode `fläche`, die die Fläche des Rechtecks berechnet, und die Methode `ist_quadrat`, die überprüft, ob das Rechteck ein Quadrat ist. Mit `&self` greifen wir auf die Instanz der Struktur zu.

4.1.5 Verwendete Struktur mit Debug ausgeben

Rust bietet eine automatische Implementierung des Debug-Traits für Strukturen. Mit #[derive(Debug)] können wir eine Struktur formatieren und ihren Inhalt ausgeben:

Beispiel:

```
#[derive(Debug)]

struct Rechteck {

    breite: u32,

    hoehe: u32,

}


fn main() {

    let rechteck = Rechteck { breite: 30, hoehe:
50 };

    println!("{:?}", rechteck);   // Gibt die
Struktur aus

    println!("{:#?}", rechteck);   // Formatiert
die Ausgabe schoen

}
```

{:?} gibt die Struktur im Debug-Modus aus, und {:#?} formatiert die Ausgabe übersichtlicher.

4.2 Enums

Mit **Enums** (Enumerationen) kann ein Typ definiert werden, der mehrere verschiedene, aber verwandte Werte annehmen kann. Enums sind nützlich, um Daten mit unterschiedlichen Typen oder Zuständen zu modellieren.

4.2.1 Definieren eines Enums

Ein Enum definiert verschiedene Varianten, die ein Wert annehmen kann. Diese Varianten können Daten enthalten, ähnlich wie Strukturen.

Beispiel:

```
enum Nachricht {

    Text(String),

    Bild(String),

    Video { datei: String, dauer: u32 },

}


fn main() {

    let nachricht1 =
Nachricht::Text(String::from("Hallo"));

    let nachricht2 =
Nachricht::Bild(String::from("bild.jpg"));

    let nachricht3 = Nachricht::Video {
```

```rust
        datei: String::from("video.mp4"),

        dauer: 120,

    };


    verarbeite_nachricht(nachricht1);

    verarbeite_nachricht(nachricht3);
}


fn verarbeite_nachricht(nachricht: Nachricht) {

    match nachricht {

    Nachricht::Text(text) =>
println!("Textnachricht: {}", text),

    Nachricht::Bild(datei) =>
println!("Bilddatei: {}", datei),

    Nachricht::Video { datei, dauer } =>
println!("Video: {}, Dauer: {} Sekunden", datei,
dauer),

    }
}
```

In diesem Beispiel haben wir ein Enum `Nachricht`, das verschiedene Varianten wie `Text`, `Bild` und `Video` hat. Jede Variante kann unterschiedliche Daten enthalten. Durch **Pattern Matching** (siehe unten) verarbeiten wir die unterschiedlichen Varianten.

4.3 Pattern Matching

Rust verwendet **Pattern Matching**, um komplexe Datentypen wie Enums oder Strukturen zu verarbeiten. Das `match`-Schlüsselwort wird verwendet, um verschiedene Fälle zu unterscheiden.

4.3.1 Pattern Matching mit match

Das `match`-Schlüsselwort erlaubt es, basierend auf den verschiedenen Varianten eines Enums unterschiedliche Aktionen durchzuführen. Jedes Muster wird einzeln überprüft.

Beispiel:

```
enum Status {

    Aktiv,

    Inaktiv,

    Unbekannt,

}


fn main() {

    let status = Status::Aktiv;
```

```
    match status {

        Status::Aktiv => println!("Benutzer ist
aktiv"),

        Status::Inaktiv => println!("Benutzer ist
inaktiv"),

        Status::Unbekannt => println!("Benutzerstatus
unbekannt"),

    }

}
```

In diesem Beispiel verwenden wir match, um den Status eines Benutzers zu überprüfen und entsprechend zu handeln.

4.3.2 Option-Enum

Rust stellt ein spezielles Enum namens Option zur Verfügung, das einen Wert enthalten **kann**, aber nicht **muss**. Es ist ideal für Fälle, in denen ein Wert optional ist.

Beispiel:

```
fn teile(dividend: f64, divisor: f64) ->
Option<f64> {

    if divisor == 0.0 {

    None

    } else {
```

```
        Some(dividend / divisor)

    }

}

fn main() {

    let ergebnis = teile(10.0, 2.0);

    match ergebnis {

    Some(wert) => println!("Ergebnis: {}", wert),

    None => println!("Teilung durch null!"),

    }

}
```

Hier wird Option verwendet, um das Ergebnis der Division zu modellieren. Wenn der Divisor 0.0 ist, gibt die Funktion None zurück, andernfalls Some(f64).

4.3.3 Pattern Matching mit if let

Neben match bietet Rust auch das if let-Konstrukt, um einfachere Pattern Matching-Fälle abzudecken.

Beispiel:

```
let ergebnis = Some(5);

if let Some(wert) = ergebnis {
```

```
    println!("Ergebnis ist: {}", wert);

} else {

    println!("Kein Ergebnis vorhanden");

}
```

Hier wird `if let` verwendet, um zu prüfen, ob `ergebnis` den Wert `Some(5)` enthält.

4.4 Zusammenfassung

In diesem Kapitel haben wir die grundlegenden Konzepte von **Strukturen**, **Enums** und **Pattern Matching** in Rust behandelt. Strukturen erlauben es uns, eigene Datentypen zu definieren, die mehrere Felder enthalten, während Enums es ermöglichen, verschiedene Varianten eines Datentyps zu modellieren. Mit **Pattern Matching** können wir diese Varianten effektiv verarbeiten und entsprechend reagieren.

Im nächsten Kapitel widmen wir uns den Konzepten der **Fehlerbehandlung** in Rust, die ebenfalls eng mit Enums und Pattern Matching verknüpft sind. Wir werden lernen, wie Rust Fehler auf elegante Weise behandelt und Programme robuster macht.

Kapitel 5: Fehlerbehandlung in Rust

Fehler sind ein unvermeidbarer Teil der Programmierung. Sie können auftreten, wenn beispielsweise eine Datei nicht gefunden wird, eine Netzwerkverbindung fehlschlägt oder eine Berechnung unmögliche Werte zurückgibt. Rust bietet zwei Mechanismen zur Fehlerbehandlung an: **Result** und **panic!**. In diesem Kapitel erklären wir, wann und wie man diese Mechanismen verwendet, um Programme sicherer und zuverlässiger zu machen.

5.1 Der Unterschied zwischen erwarteten und unerwarteten Fehlern

Bevor wir tiefer in Rusts Fehlerbehandlung eintauchen, ist es wichtig zu verstehen, dass Rust zwei Arten von Fehlern unterscheidet:

1. **Erwartete Fehler:** Dies sind Fehler, die während der normalen Ausführung des Programms auftreten können und die wir gezielt behandeln sollten. Ein Beispiel ist das Öffnen einer Datei, die möglicherweise nicht existiert. Rust verwendet das `Result`-Typ für solche erwarteten Fehler.

2. **Unerwartete Fehler:** Diese Fehler sind schwerwiegende Probleme, bei denen es sich um logische Fehler oder fatale Situationen handelt, bei denen das Programm nicht fortfahren kann. In solchen Fällen wird `panic!` verwendet, um das Programm sofort zu beenden.

5.2 Der `Result`-Typ

Der `Result`-Typ ist das Herzstück der Fehlerbehandlung in Rust für erwartete Fehler. Er wird verwendet, um Funktionen zu kennzeichnen, die entweder erfolgreich sein können oder einen Fehler zurückgeben.

5.2.1 Aufbau des Result-Typs

`Result` ist ein Enum mit zwei Varianten:

- `Ok(T)` – für einen erfolgreichen Rückgabewert vom Typ T.
- `Err(E)` – für einen Fehler mit einem Fehlerwert vom Typ E.

Der allgemeine Typ für `Result` sieht wie folgt aus:

```
enum Result<T, E> {

    Ok(T),

    Err(E),

}
```

Das bedeutet, dass eine Funktion, die einen `Result` zurückgibt, entweder ein `Ok(T)` mit einem Wert vom Typ T oder ein `Err(E)` mit einem Fehler vom Typ E zurückgibt.

5.2.2 Verwenden von `Result`

Um zu verstehen, wie man den `Result`-Typ verwendet, sehen wir uns ein Beispiel an, bei dem wir versuchen, eine Datei zu öffnen:

Beispiel:

```
use std::fs::File;

use std::io::Error;


fn main() -> Result<(), Error> {
```

```rust
    let datei = File::open("test.txt");


    match datei {

    Ok(file) => {

        println!("Datei erfolgreich geoeffnet:
{:?}", file);

    }

    Err(e) => {

        println!("Fehler beim Oeffnen der Datei:
{}", e);

    }

    }


    Ok(())

}
```

- **Datei öffnen:** Hier wird versucht, die Datei `test.txt` zu öffnen. Die Methode `File::open` gibt ein `Result<File, Error>` zurück.
- **Pattern Matching:** Mit `match` prüfen wir, ob die Datei erfolgreich geöffnet wurde (`Ok`) oder ob ein Fehler aufgetreten ist (`Err`).

- **Fehlerbehandlung:** Bei einem Fehler können wir entscheiden, was zu tun ist – etwa eine Fehlermeldung ausgeben oder eine alternative Datei öffnen.

5.2.3 Vereinfachte Fehlerbehandlung mit unwrap und expect

In einigen Fällen möchten wir Fehler nicht explizit behandeln, sondern das Programm sofort abbrechen, wenn ein Fehler auftritt. Dafür gibt es zwei nützliche Methoden:

- unwrap: Diese Methode gibt den Inhalt von Ok zurück, oder löst eine **Panik** aus, wenn ein Fehler (Err) auftritt.
- expect: Funktioniert ähnlich wie unwrap, erlaubt aber zusätzlich eine benutzerdefinierte Fehlermeldung.

Beispiel:

```
fn main() {

    let datei = File::open("test.txt").unwrap();
// Panik, wenn Datei nicht existiert

    let datei_mit_meldung =
File::open("config.txt").expect("Fehler beim
Oeffnen der Konfigurationsdatei");

}
```

Mit unwrap wird das Programm sofort beendet, wenn die Datei nicht existiert. Mit expect können wir eine eigene Fehlermeldung angeben, die ausgegeben wird, bevor das Programm endet.

5.2.4 Das ?-Operator zur Fehlerweitergabe

Ein häufiges Muster in Rust ist das Weitergeben von Fehlern an die aufrufende Funktion. Hier kommt der ?-Operator ins Spiel, der den Code erheblich vereinfacht, indem er bei einem Fehler den Err-Wert sofort zurückgibt, ohne ein explizites match zu erfordern.

Beispiel ohne ?-Operator:

```
fn lese_datei_inhalt() -> Result<String,
std::io::Error> {

    let mut datei = File::open("test.txt")?;

    let mut inhalt = String::new();

    datei.read_to_string(&mut inhalt)?;

    Ok(inhalt)

}
```

In diesem Beispiel öffnet die Funktion eine Datei, liest den Inhalt und gibt ihn zurück. Der ?-Operator prüft automatisch, ob die Operation erfolgreich war. Wenn ein Fehler auftritt, wird dieser sofort an den Aufrufer zurückgegeben.

Der ?-Operator ist ein sehr mächtiges Werkzeug, um den Code schlanker und lesbarer zu gestalten, insbesondere wenn viele Funktionen aufeinander aufbauen, die jeweils Fehler zurückgeben könnten.

5.3 Der Option-Typ für optionale Werte

Neben Result gibt es in Rust auch den Option-Typ, der verwendet wird, wenn ein Wert **möglich** ist, aber nicht **garantiert**. Option kommt zum Einsatz, wenn wir ausdrücken wollen, dass ein Wert entweder existiert (Some) oder nicht existiert (None).

5.3.1 Aufbau des Option-Typs

Option ist ebenfalls ein Enum und sieht wie folgt aus:

```
enum Option<T> {

    Some(T),

    None,

}
```

- Some(T) – für einen vorhandenen Wert vom Typ T.
- None – für keinen Wert.

5.3.2 Verwenden von Option

Ein typisches Beispiel für die Verwendung von Option ist das Abrufen eines Werts aus einer Liste oder einem HashMap, bei dem der angeforderte Wert möglicherweise nicht vorhanden ist.

Beispiel:

```
fn finde_benutzer(id: u32) -> Option<String> {

    match id {
```

```
        1 => Some(String::from("Anna")),

        2 => Some(String::from("Tom")),

        _ => None,

        }

}


fn main() {

    let benutzer = finde_benutzer(2);


    match benutzer {

    Some(name) => println!("Benutzer gefunden:
{}", name),

    None => println!("Benutzer nicht gefunden"),

        }

}
```

In diesem Beispiel gibt die Funktion finde_benutzer entweder
den Namen des Benutzers zurück (Some), wenn die ID gefunden
wird, oder None, wenn kein Benutzer mit der angegebenen ID
existiert.

Ähnlich wie beim `Result`-Typ können wir auch den `Option`-Typ mit `unwrap` oder `expect` verwenden, wenn wir sicher sind, dass der Wert existiert:

```
let benutzer = finde_benutzer(1).unwrap();
```

5.4 Fehler mit panic! behandeln

Während `Result` für erwartete Fehler gedacht ist, verwendet Rust `panic!` für **unerwartete Fehler**. Wenn ein Programm in einen Zustand gerät, aus dem es sich nicht erholen kann, kann `panic!` verwendet werden, um das Programm abzubrechen.

5.4.1 Was passiert bei panic!?

Wenn `panic!` aufgerufen wird, beendet Rust das Programm und gibt eine Fehlermeldung sowie einen Backtrace aus (falls aktiviert), um zu zeigen, wo der Fehler aufgetreten ist. Das ist nützlich für schwerwiegende Fehler, bei denen ein Weiterlaufen des Programms nicht sinnvoll ist.

Beispiel:

```
fn teile(dividend: i32, divisor: i32) -> i32 {

    if divisor == 0 {

    panic!("Teilung durch null ist nicht
erlaubt!");

    }
```

```
    dividend / divisor

}




fn main() {

    teile(10, 0);

}
```

In diesem Beispiel wird `panic!` ausgelöst, wenn versucht wird, durch null zu teilen. Rust beendet das Programm und gibt eine entsprechende Fehlermeldung aus.

5.4.2 Vermeiden von Paniken in Bibliotheken

Während `panic!` in kleinen Programmen oder bei Prototypen nützlich sein kann, wird es in großen Anwendungen und Bibliotheken oft vermieden. Das liegt daran, dass ein `panic!` das gesamte Programm beendet. Stattdessen ist es besser, `Result` oder `Option` zu verwenden, damit der Fehler kontrolliert behandelt werden kann.

5.5 Beispiel für Fehlerbehandlung in einem größeren Kontext

Lassen Sie uns nun alle bisher gelernten Konzepte in einem realistischeren Beispiel zusammenführen. Wir schreiben ein Programm, das eine Konfigurationsdatei liest und auswertet.

Beispiel:

```rust
use std::fs::File;

use std::io::{self, Read};


fn lese_datei_pfad(pfad: &str) -> Result<String,
io::Error> {

    let mut datei = File::open(pfad)?;

    let mut inhalt = String::new();

    datei.read_to_string(&mut inhalt)?;

    Ok(inhalt)

}


fn lade_konfiguration() -> Result<(), io::Error> {

    let inhalt = lese_datei_pfad("config.txt")?;


    println!("Konfigurationsinhalt: {}", inhalt);


    Ok(())

}
```

```
fn main() {

    if let Err(e) = lade_konfiguration() {

    println!("Fehler beim Laden der
Konfiguration: {}", e);

    }

}
```

In diesem Beispiel wird eine Konfigurationsdatei geladen. Wenn ein Fehler auftritt (etwa, weil die Datei nicht existiert), wird dieser an die `main`-Funktion weitergegeben und dort ausgegeben.

5.6 Zusammenfassung

In diesem Kapitel haben wir die verschiedenen Möglichkeiten der Fehlerbehandlung in Rust untersucht. Wir haben gelernt, wie man erwartete Fehler mit dem `Result`-Typ behandelt und unerwartete Fehler mit `panic!` abfängt. Zudem haben wir uns den `Option`-Typ angesehen, der für optionale Werte verwendet wird, und den mächtigen ?-Operator, der den Umgang mit Fehlern vereinfacht.

Fehlerbehandlung ist ein essenzieller Bestandteil jeder Software, und Rust bietet leistungsstarke und flexible Mechanismen, um sicherzustellen, dass Programme robust und sicher ausgeführt werden können.

Im nächsten Kapitel widmen wir uns der **Speicherverwaltung** und betrachten, wie Rust auf effiziente Weise mit Speicher umgeht und gleichzeitig sicherstellt, dass Speicherfehler vermieden werden.

Kapitel 6: Speicherverwaltung in Rust – Ownership, Borrowing und Lifetimes

Eine der größten Stärken von Rust ist seine Fähigkeit, Speicher auf sichere und effiziente Weise zu verwalten. Während viele Programmiersprachen entweder eine manuelle Speicherverwaltung (wie C oder C++) oder eine automatische Speicherbereinigung (wie Java oder Python) verwenden, verfolgt Rust einen anderen Ansatz. Durch das **Ownership-System** garantiert Rust, dass Speicherlecks und Datenrennen vermieden werden, ohne dass eine Garbage Collection nötig ist.

6.1 Ownership (Eigentümerschaft)

Das Konzept des **Ownership** ist das Herzstück von Rusts Speicherverwaltungsmodell. Jeder Wert in Rust hat einen "Besitzer", und genau ein Besitzer. Wenn der Besitzer eines Wertes den Gültigkeitsbereich (Scope) verlässt, wird der Wert automatisch freigegeben.

6.1.1 Die drei Regeln des Ownership

Es gibt drei grundlegende Regeln, die das Ownership in Rust bestimmen:

1. Jeder Wert in Rust hat genau **einen Besitzer**.
2. Wenn der Besitzer den Gültigkeitsbereich verlässt, wird der Wert **freigegeben** (Rust nennt diesen Vorgang **drop**).
3. Es kann zu jeder Zeit entweder exakt **eine veränderbare Referenz** oder **beliebig viele nicht veränderbare Referenzen** auf einen Wert geben, aber nicht beides gleichzeitig.

Diese Regeln sorgen dafür, dass Rust keine Garbage Collection benötigt, um ungenutzten Speicher aufzuräumen, und dass Datenrennen vermieden werden.

6.1.2 Ownership in Aktion

Sehen wir uns ein Beispiel an, um zu verstehen, wie Ownership funktioniert:

Beispiel:

```
fn main() {

    let s1 = String::from("Hallo");

    let s2 = s1;

    println!("{}", s1); // Fehler: s1 ist nicht
mehr gueltig!

}
```

In diesem Beispiel versuchen wir, den Wert von s1 nach dem Zuweisen von s1 an s2 zu verwenden. Rust verhindert dies, weil s1 nach der Zuweisung keinen Besitz mehr an dem String hat. Der Besitz wurde an s2 übertragen, was bedeutet, dass s1 nicht mehr gültig ist.

Erklärung:

- Beim Zuweisen von s1 an s2 wird der Besitz des Strings von s1 an s2 übertragen. Das nennt man **Move**. Rust verhindert danach jegliche Verwendung von s1, um sicherzustellen, dass es keine doppelten Besitzer gibt, die auf denselben Speicher zeigen.

- Wenn s2 den Gültigkeitsbereich verlässt, wird der String automatisch freigegeben, und der Speicher wird zurückgegeben.

6.1.3 Deep Copy und Shallow Copy

In Rust gibt es keine automatische Kopie von Werten wie in einigen anderen Sprachen. Wenn ein Wert kopiert werden soll, muss entweder ein **Move** oder eine explizite Kopie durchgeführt werden.

- **Shallow Copy (Move):** Standardmäßig wird bei einer Zuweisung der Besitz eines Wertes verschoben (Move), anstatt ihn zu kopieren.
- **Deep Copy (Clone):** Wenn man jedoch eine tatsächliche Kopie des Wertes möchte, kann die Methode clone verwendet werden.

Beispiel:

```
fn main() {

    let s1 = String::from("Hallo");

    let s2 = s1.clone(); // Erzeugt eine Kopie
des Strings

    println!("{}", s1); // Funktioniert, da s1
noch gueltig ist

}
```

In diesem Fall bleibt s1 gültig, da wir eine vollständige Kopie des Strings mit clone erstellt haben.

6.2 Borrowing (Leihen)

Neben der Übertragung von Besitz ermöglicht Rust auch das **Leihen** von Werten. Beim Leihen erhalten wir eine Referenz auf einen Wert, anstatt den Besitz zu übernehmen. Dabei gibt es zwei Arten von Referenzen: **unveränderbare** und **veränderbare** Referenzen.

6.2.1 Unveränderbare Referenzen

Unveränderbare Referenzen erlauben es, den Wert zu lesen, aber nicht zu verändern. Mehrere unveränderbare Referenzen auf denselben Wert können gleichzeitig existieren.

Beispiel:

```
fn main() {

    let s1 = String::from("Hallo");

    let len = berechne_laenge(&s1); //
Unveraenderbare Referenz leihen

    println!("Die Laenge von '{}' ist {}.", s1,
len); // s1 bleibt gueltig

}


fn berechne_laenge(s: &String) -> usize {

    s.len()

}
```

- Hier wird der Wert von s1 an die Funktion berechne_laenge geliehen.
- Da es sich um eine **unveränderbare Referenz** handelt, kann die Funktion den Wert lesen, aber nicht verändern.
- s1 bleibt auch nach dem Aufruf der Funktion gültig, da der Besitz nicht übertragen wurde.

6.2.2 Veränderbare Referenzen

Veränderbare Referenzen erlauben es, den geliehenen Wert zu ändern. Allerdings kann es zu jedem Zeitpunkt nur **eine** veränderbare Referenz auf einen Wert geben.

Beispiel:

```
fn main() {

    let mut s = String::from("Hallo");

    aendere_string(&mut s); // Veraenderbare
Referenz leihen

    println!("{}", s); // s wurde veraendert

}



fn aendere_string(s: &mut String) {

    s.push_str(", Welt!");

}
```

- Hier wird eine **veränderbare Referenz** an die Funktion aendere_string übergeben.

- Die Funktion darf den Wert verändern, und diese Änderung bleibt bestehen, nachdem die Funktion aufgerufen wurde.
- Rust stellt sicher, dass keine weiteren veränderbaren oder unveränderbaren Referenzen auf s existieren, solange die veränderbare Referenz aktiv ist.

6.2.3 Regeln für Borrowing

Rust hat strenge Regeln, die sicherstellen, dass es keine Datenrennen gibt:

1. Es kann zu jedem Zeitpunkt entweder **beliebig viele unveränderbare Referenzen** oder **genau eine veränderbare Referenz** auf einen Wert geben.
2. Referenzen müssen immer gültig bleiben, solange sie verwendet werden.

Diese Regeln stellen sicher, dass Werte sicher und effizient verarbeitet werden können, ohne dass es zu Speicherfehlern oder Datenrennen kommt.

6.3 Lifetimes (Lebenszeiten)

Referenzen in Rust müssen immer gültig sein, solange sie verwendet werden. Um dies sicherzustellen, verwendet Rust das Konzept der **Lifetimes**. Lifetimes geben an, wie lange eine Referenz gültig ist. In den meisten Fällen kann der Compiler Lifetimes automatisch bestimmen, aber es gibt Fälle, in denen wir sie explizit angeben müssen.

6.3.1 Lebensdauer von Referenzen

Eine Referenz muss immer so lange gültig bleiben, wie sie verwendet wird. Sehen wir uns ein Beispiel an, bei dem eine Referenz auf einen lokalen Wert zurückgegeben wird:

Falsches Beispiel:

```
fn gebe_zurueck() -> &String {
    let s = String::from("Hallo");
    &s // Fehler: `s` wird hier freigegeben
}
```

In diesem Beispiel versuchen wir, eine Referenz auf s zurückzugeben. Das Problem ist, dass s den Gültigkeitsbereich verlässt, sobald die Funktion endet. Daher wäre die zurückgegebene Referenz ungültig, was zu einem Speicherfehler führen würde.

6.3.2 Lifetimes explizit angeben

In komplexeren Situationen, bei denen der Compiler die Lebensdauer von Referenzen nicht selbst bestimmen kann, müssen wir die **Lifetimes** explizit angeben.

Beispiel mit Lifetimes:

```
fn laengere<'a>(s1: &'a str, s2: &'a str) -> &'a
str {

    if s1.len() > s2.len() {

    s1

    } else {
```

```
    s2

    }

}


fn main() {

    let s1 = String::from("Apfel");

    let s2 = String::from("Banane");

    let ergebnis = laengere(&s1, &s2);

    println!("Der laengere String ist: {}",
ergebnis);

}
```

- Hier haben wir zwei String-Referenzen, und die Funktion laengere gibt die längere der beiden zurück.
- Die Lebenszeit 'a garantiert, dass die Rückgabe-Referenz genauso lange lebt wie die kürzeste der beiden Eingabe-Referenzen.

6.3.3 Zusammenfassung zu Lifetimes

Lifetimes sorgen dafür, dass Referenzen immer gültig sind, solange sie verwendet werden. In den meisten Fällen kann der Compiler die Lifetimes automatisch bestimmen. In komplexeren Szenarien müssen Lifetimes jedoch explizit angegeben werden, um sicherzustellen, dass der Code korrekt ist.

6.4 Zusammenfassung

In diesem Kapitel haben wir uns die **Speicherverwaltung** in Rust angesehen, die auf den Konzepten **Ownership**, **Borrowing** und **Lifetimes** basiert. Diese Konzepte ermöglichen es Rust, Speicher effizient zu verwalten und gleichzeitig Speicherfehler zu vermeiden, ohne eine Garbage Collection zu verwenden.

- **Ownership** stellt sicher, dass es zu jeder Zeit nur einen Besitzer eines Wertes gibt, und dass der Speicher eines Wertes automatisch freigegeben wird, wenn der Besitzer den Gültigkeitsbereich verlässt.
- **Borrowing** ermöglicht es, Werte zu leihen, ohne den Besitz zu übernehmen, wobei Rust zwischen unveränderbaren und veränderbaren Referenzen unterscheidet.
- **Lifetimes** garantieren, dass Referenzen immer gültig sind, solange sie verwendet werden.

Im nächsten Kapitel werden wir uns mit **Concurrency** (Nebenläufigkeit) beschäftigen und sehen, wie Rust es schafft, nebenläufigen Code sicher und effizient zu gestalten.

Kapitel 7: Nebenläufigkeit in Rust – Sichere Parallelität und Asynchronität

In diesem Kapitel lernen wir, wie Rust **Nebenläufigkeit** und **Parallelität** ermöglicht und gleichzeitig Sicherheit garantiert. Rust hebt sich von vielen anderen Programmiersprachen durch seine Fähigkeit ab, Parallelität auf Systemebene zu implementieren, ohne auf **Garbage Collection** angewiesen zu sein. Dies ermöglicht effizienten und gleichzeitig sicheren nebenläufigen Code, da Rust zur Kompilierzeit sicherstellt, dass keine Datenrennen auftreten.

7.1 Grundkonzepte der Nebenläufigkeit

Bevor wir tiefer in die spezifischen Werkzeuge von Rust eintauchen, sollten wir uns kurz die beiden wichtigsten Begriffe ansehen:

- **Nebenläufigkeit** (Concurrency) bezeichnet die Fähigkeit eines Programms, mehrere Aufgaben gleichzeitig zu managen. Diese Aufgaben müssen nicht zwingend parallel laufen, sondern können sich auch einfach abwechseln, wie z. B. bei kooperativer Multitasking-Verarbeitung.
- **Parallelität** (Parallelism) bezieht sich auf die tatsächliche gleichzeitige Ausführung von Aufgaben auf mehreren Prozessoren oder Kernen.

7.1.1 Datenrennen und Sicherheit

Ein häufiges Problem bei der Implementierung von Nebenläufigkeit ist das Auftreten von **Datenrennen**. Ein Datenrennen entsteht, wenn mehrere Threads gleichzeitig auf dieselben Daten zugreifen und mindestens einer von ihnen versucht, die Daten zu ändern. Datenrennen können unvorhersehbares Verhalten verursachen und sind oft schwer zu diagnostizieren.

Rust verhindert Datenrennen bereits zur Kompilierzeit, indem es seine strengen **Ownership- und Borrowing-Regeln** auch auf nebenläufigen Code anwendet. Dies gibt Entwicklern die Möglichkeit, nebenläufigen Code sicher zu schreiben, ohne sich über Speicherfehler oder undefiniertes Verhalten Gedanken machen zu müssen.

7.2 Threads in Rust

Ein Thread ist der kleinste Ausführungseinheit eines Programms. In Rust lassen sich Threads einfach mit der `std::thread`-Bibliothek erzeugen. Rust bietet sowohl **einfachen Zugriff auf Threads** als auch Mechanismen, um die Kommunikation und Synchronisation zwischen Threads sicher zu gestalten.

7.2.1 Threads erzeugen

Die einfachste Möglichkeit, einen neuen Thread zu erstellen, ist die Verwendung der Funktion thread::spawn. Diese Funktion startet einen neuen Thread und führt eine übergebene Funktion aus.

Beispiel:

```
use std::thread;

use std::time::Duration;


fn main() {

    thread::spawn(|| {

    for i in 1..5 {

            println!("Hallo aus dem neuen Thread!
Zahl: {}", i);


    thread::sleep(Duration::from_millis(500));

    }

    });


    for i in 1..5 {
```

```
    println!("Hallo aus dem Haupt-Thread! Zahl:
{}", i);

    thread::sleep(Duration::from_millis(500));

    }

}
```

- In diesem Beispiel erstellen wir einen neuen Thread, der eine Funktion ausführt. Während der neue Thread läuft, arbeitet der Haupt-Thread weiter.
- Beide Threads geben abwechselnd Nachrichten aus, da sie fast gleichzeitig laufen. Wir verwenden thread::sleep, um die Threads für kurze Zeit zu pausieren, um die Ausgabe übersichtlicher zu gestalten.

7.2.2 Warten auf Threads mit join

In einigen Fällen möchten wir sicherstellen, dass der Haupt-Thread auf die Ausführung eines oder mehrerer neuer Threads wartet, bevor er fortfährt. Dazu dient die Methode join, die wartet, bis der entsprechende Thread beendet ist.

Beispiel:

```
use std::thread;



fn main() {

    let handle = thread::spawn(|| {
```

```
    for i in 1..5 {

        println!("Neuer Thread: Zahl {}", i);

    }

    });



    // Warten auf den Thread

    handle.join().unwrap();



    println!("Der neue Thread ist beendet.");

}
```

- Der handle speichert den neu gestarteten Thread. Mit
  handle.join() wartet der Haupt-Thread, bis der neue
  Thread beendet ist.
- Dadurch wird sichergestellt, dass der neue Thread
  abgeschlossen ist, bevor der Haupt-Thread seine nächste
  Anweisung ausführt.

7.3 Kommunikation zwischen Threads

Neben der Erzeugung von Threads benötigen Programme oft auch
Möglichkeiten, Daten zwischen Threads auszutauschen. Rust bietet
dafür verschiedene Werkzeuge, die gleichzeitig effizient und sicher
sind.

7.3.1 Nachrichtenkanäle (Channels)

Rust stellt mit dem Modul `std::sync::mpsc` (steht für **multiple producer, single consumer**) ein Kommunikationswerkzeug zur Verfügung, das es mehreren Threads erlaubt, Nachrichten an einen zentralen Empfänger zu senden. Ein Kanal besteht aus einem **Sender** (`sender`) und einem **Empfänger** (`receiver`).

Beispiel mit Nachrichtenkanälen:

```
use std::sync::mpsc;

use std::thread;

use std::time::Duration;


fn main() {

    let (tx, rx) = mpsc::channel();


    thread::spawn(move || {

    let nachricht = String::from("Hallo aus dem Thread!");

    tx.send(nachricht).unwrap();

    println!("Nachricht gesendet");

    });
```

```
    let empfangene_nachricht =
rx.recv().unwrap();

    println!("Nachricht empfangen: {}",
empfangene_nachricht);

}
```

- Wir erstellen einen Kanal mit `mpsc::channel()`, der einen Sender (`tx`) und einen Empfänger (`rx`) zurückgibt.
- Der Sender wird in den neuen Thread verschoben (`move`), und dieser Thread sendet eine Nachricht.
- Der Haupt-Thread empfängt die Nachricht und gibt sie aus.

Der Vorteil von Kanälen besteht darin, dass sie sicherstellen, dass die gesendeten Daten nur dann gelesen werden können, wenn sie vollständig übertragen wurden, wodurch Inkonsistenzen vermieden werden.

7.3.2 Gemeinsamer Speicher (Mutex)

Ein weiteres wichtiges Konzept in der Kommunikation zwischen Threads ist der **gemeinsame Speicher**. Rust verwendet das Konzept des **Mutex** (Mutual Exclusion), um den Zugriff auf gemeinsam genutzte Daten zu synchronisieren. Ein **Mutex** stellt sicher, dass zu jedem Zeitpunkt nur ein Thread auf einen bestimmten Datenbereich zugreifen kann.

Beispiel mit Mutex:

```
use std::sync::{Arc, Mutex};

use std::thread;
```

```
fn main() {

    let zaehler = Arc::new(Mutex::new(0));

    let mut handles = vec![];


    for _ in 0..10 {

    let zaehler = Arc::clone(&zaehler);

    let handle = thread::spawn(move || {

        let mut zahl = zaehler.lock().unwrap();

        *zahl += 1;

    });

    handles.push(handle);

    }


    for handle in handles {

    handle.join().unwrap();

    }


    println!("Endgueltiger Zaehler: {}",
*zaehler.lock().unwrap());

}
```

- In diesem Beispiel teilen sich mehrere Threads eine Variable `zaehler`, die durch einen **Mutex** geschützt ist.
- Wir verwenden `Arc` (Atomic Reference Counted), um sicherzustellen, dass der Mutex sicher zwischen Threads geteilt werden kann.
- Jeder Thread sperrt den Mutex mit `lock()`, ändert den Wert und gibt den Mutex danach wieder frei.

7.3.3 Arc und Mutex – Die Kombination für sicheren Zugriff

- `Arc` (Atomic Reference Counted): Rusts Mechanismus, um sicherzustellen, dass ein Wert in einem Thread-übergreifenden Kontext verwendet werden kann, indem der Besitz geteilt wird.
- `Mutex` (Mutual Exclusion): Verhindert, dass mehrere Threads gleichzeitig auf dieselben Daten zugreifen und sie verändern, indem es sicherstellt, dass immer nur ein Thread den Zugriff hat.

7.4 Asynchrone Programmierung

Neben der Verwendung von Threads bietet Rust auch Werkzeuge zur **asynchronen Programmierung**. Asynchrone Programmierung ermöglicht es, Aufgaben nicht-blockierend auszuführen, was besonders für I/O-gebundene Anwendungen vorteilhaft ist.

Rust bietet dafür das `async`/`await`-Modell, das ähnliche Funktionalität wie in Sprachen wie JavaScript oder Python bietet, aber mit der zusätzlichen Sicherheit von Rusts Ownership-System.

7.4.1 Asynchrone Funktionen mit async

Asynchrone Funktionen in Rust werden mit dem Schlüsselwort async deklariert und liefern einen Future zurück, der die spätere Ausführung der Funktion repräsentiert. Um auf das Ergebnis zu warten, wird await verwendet.

Beispiel:

```rust
use tokio::time::{sleep, Duration};


async fn meine_async_funktion() {

    println!("Vor dem Warten");

    sleep(Duration::from_secs(2)).await;

    println!("Nach dem Warten");

}


#[tokio::main]

async fn main() {

    meine_async_funktion().await;

}
```

- In diesem Beispiel führen wir eine einfache asynchrone Funktion aus, die zwei Sekunden wartet, bevor sie fortfährt.

- Die Verwendung von `await` stellt sicher, dass das Programm nicht blockiert, während auf die Fertigstellung der Operation gewartet wird.

7.4.2 Asynchrone Bibliotheken

Rust bietet mehrere Bibliotheken zur Unterstützung asynchroner Programmierung, darunter **Tokio** und **async-std**, die leistungsfähige Werkzeuge zur Verwaltung von asynchronen I/O-Vorgängen bereitstellen.

7.5 Zusammenfassung

In diesem Kapitel haben wir uns mit der **Nebenläufigkeit** in Rust beschäftigt und gelernt, wie Rust es schafft, sicheren und effizienten nebenläufigen Code zu ermöglichen. Die wichtigsten Werkzeuge, die wir dabei behandelt haben, sind:

- **Threads**: Rust ermöglicht die einfache Erstellung von Threads mit `thread::spawn`, und die Ausführung kann mit `join` synchronisiert werden.
- **Nachrichtenkanäle (Channels)**: Sichere Kommunikation zwischen Threads kann über Channels erfolgen.
- **Mutex** und **Arc**: Gemeinsamer Speicher kann sicher über Threads hinweg verwendet werden, indem Rusts `Arc`- und `Mutex`-Mechanismen genutzt werden.
- **Asynchrone Programmierung**: Rust bietet leistungsstarke Werkzeuge zur nicht-blockierenden, asynchronen Ausführung mit `async`/`await`.

Kapitel 8: Modularität und Paketmanagement in Rust

Ein gut strukturierter Code ist entscheidend für die Wartbarkeit und Erweiterbarkeit eines Projekts. Rust bietet ein flexibles Modulsystem, das es ermöglicht, Code in übersichtliche Einheiten zu gliedern. Darüber hinaus verfügt Rust über ein leistungsfähiges **Paketmanagement-System**, das es einfach macht, externe Bibliotheken (sogenannte **Crates**) zu nutzen und eigene Pakete zu veröffentlichen.

8.1 Module in Rust

Rust verwendet **Module**, um den Code zu organisieren und zu kapseln. Module helfen dabei, größere Codebasen in handliche Einheiten aufzuteilen und logische Abstraktionen zu schaffen. Jedes Modul kann dabei Funktionen, Strukturen, Enums und andere Module enthalten.

8.1.1 Ein einfaches Modul erstellen

Um ein Modul zu erstellen, verwenden wir das Schlüsselwort mod. Module können direkt im Hauptprogramm definiert oder in eigenen Dateien organisiert werden.

Beispiel:

```
mod mathe {

    pub fn addiere(a: i32, b: i32) -> i32 {

    a + b
```

```
        }

    fn subtrahiere(a: i32, b: i32) -> i32 {

        a - b

    }

}

fn main() {

    let ergebnis = mathe::addiere(5, 3);

    println!("5 + 3 = {}", ergebnis);

}
```

In diesem Beispiel haben wir ein Modul namens mathe erstellt, das zwei Funktionen enthält: addiere und subtrahiere. Beachte, dass addiere mit dem Schlüsselwort pub als öffentlich markiert ist. Dies bedeutet, dass die Funktion von außerhalb des Moduls aufgerufen werden kann. Die Funktion subtrahiere hingegen ist privat und nur innerhalb des Moduls verfügbar.

8.1.2 Module in separaten Dateien

Rust unterstützt auch die Organisation von Modulen in separaten Dateien. Dies verbessert die Übersichtlichkeit in größeren Projekten. Angenommen, wir möchten das Modul mathe in eine eigene Datei auslagern:

Hauptdatei (`main.rs`):

```
mod mathe; // Deklaration des Moduls


fn main() {

    let ergebnis = mathe::addiere(10, 7);

    println!("10 + 7 = {}", ergebnis);

}

mathe.rs (separate Datei fuer das Modul):

pub fn addiere(a: i32, b: i32) -> i32 {

    a + b

}



fn subtrahiere(a: i32, b: i32) -> i32 {

    a - b

}
```

In diesem Fall teilt sich das Programm auf zwei Dateien auf. Die Hauptdatei deklariert das Modul mod mathe, und der Inhalt des Moduls befindet sich in der separaten Datei mathe.rs.

8.1.3 Verschachtelte Module

Module können auch innerhalb anderer Module verschachtelt werden, was es ermöglicht, komplexe Programme in eine hierarchische Struktur zu gliedern.

Beispiel:

```
mod universum {

    pub mod planeten {

    pub fn erde() {

            println!("Willkommen auf der Erde!");

    }

    }

}


fn main() {

    universum::planeten::erde();

}
```

Hier haben wir ein Modul universum erstellt, das wiederum ein weiteres Modul namens planeten enthält. Innerhalb von planeten haben wir eine Funktion erde definiert, die von der Hauptfunktion aus aufgerufen wird.

8.1.4 Verwendung von use zur Vereinfachung des Zugriffs

Wenn Modulpfade zu lang werden, können wir das Schlüsselwort use verwenden, um den Zugriff zu vereinfachen:

```
mod universum {

    pub mod planeten {

    pub fn erde() {

        println!("Willkommen auf der Erde!");

    }

    }

}


fn main() {

    use universum::planeten::erde;

    erde();

}
```

Hier verwenden wir use, um die Funktion erde direkt in den Gültigkeitsbereich der Hauptfunktion zu bringen, was den Code kürzer und lesbarer macht.

8.2 Crates – Pakete und Bibliotheken in Rust

Eine **Crate** ist das grundlegende Kompilations- und Paketierungseinheit in Rust. Jedes Rust-Projekt ist eine Crate, und Crates können entweder eine **Binärcrate** (ein ausführbares Programm) oder eine **Bibliothekscrate** (eine wiederverwendbare Bibliothek) sein.

8.2.1 Eine neue Crate erstellen

Das Rust-Tool `cargo` ist das zentrale Werkzeug, um Crates zu verwalten. Um ein neues Projekt zu erstellen, nutzen wir den Befehl:

```
cargo new mein_projekt
```

Dieser Befehl erstellt ein neues Verzeichnis mit einer vorstrukturierten Projektdatei und einer Beispiel-Crate.

Struktur einer Crate:

```
mein_projekt/
├── Cargo.toml   # Enthaelt die Metadaten der Crate
└── src/
      └── main.rs  # Enthaelt den Programmcode
```

Die Datei `Cargo.toml` enthält Informationen über das Projekt, wie den Namen, die Version und die Abhängigkeiten.

8.2.2 Verwendung externer Crates

Rust hat ein zentrales Paketverzeichnis namens **crates.io**, wo eine Vielzahl von Bibliotheken verfügbar ist. Um eine externe Crate zu nutzen, müssen wir sie in der Datei `Cargo.toml` als Abhängigkeit deklarieren.

Beispiel: Verwenden der Crate rand

Angenommen, wir möchten die Crate `rand` verwenden, um zufällige Zahlen zu erzeugen. Dazu fügen wir `rand` in die `Cargo.toml`-Datei ein:

```
[dependencies]

rand = "0.8"
```

Danach können wir in unserem Programm auf die Funktionen von rand zugreifen:

```
use rand::Rng;


fn main() {

    let zufallszahl: u8 =
rand::thread_rng().gen_range(1..101);

    println!("Zufallszahl: {}", zufallszahl);

}
```

Hier haben wir die Funktion `gen_range` von `rand::Rng` verwendet, um eine Zufallszahl zwischen 1 und 100 zu generieren.

75

8.2.3 Abhängigkeiten und Versionen

Rust verwendet **semantische Versionierung** (SemVer), um die Kompatibilität von Abhängigkeiten zu handhaben. In der Datei `Cargo.toml` können wir die gewünschte Version einer Crate spezifizieren. Rust unterstützt dabei flexible Versionierungsschemata:

- `"0.8"`: Verwendet die neueste Version der Hauptversion 0.8.x.
- `"^1.2.3"`: Kompatible Versionen ab 1.2.3, jedoch nicht 2.0.0.
- `"=1.2.3"`: Genau diese Version.

Die Datei `Cargo.lock` stellt sicher, dass bei jedem Build dieselben Versionen verwendet werden, um Konsistenz zu gewährleisten.

8.3 Eigene Crates veröffentlichen

Nachdem du deine eigene Bibliothek erstellt hast, kannst du diese mit der Community teilen, indem du sie auf **crates.io** veröffentlichst. Hier ist eine Schritt-für-Schritt-Anleitung:

8.3.1 Vorbereitung zur Veröffentlichung

Bevor du eine Crate veröffentlichen kannst, musst du sicherstellen, dass dein `Cargo.toml` die richtigen Metadaten enthält, wie den Namen, die Version, eine Beschreibung und den Autor.

Beispiel für `Cargo.toml`:

```
[package]

name = "meine_bibliothek"

version = "0.1.0"

authors = ["Dein Name <email@example.com>"]

description = "Eine nuetzliche Bibliothek fuer
XYZ"

license = "MIT OR Apache-2.0"


[dependencies]
```

8.3.2 Veröffentlichung auf crates.io

1. **Account erstellen**: Gehe auf crates.io und erstelle einen Account.
2. **API-Token erstellen**: Nach der Anmeldung gehst du in deine Account-Einstellungen und generierst einen **API-Token**.
3. **Crate hochladen**: Führe in deinem Projektverzeichnis folgenden Befehl aus:

```
cargo publish
```

Rust wird deine Crate dann auf crates.io hochladen und für die Community zugänglich machen.

8.3.3 Versionierung und Updates

Wenn du deine Crate aktualisierst, musst du die Versionsnummer entsprechend der Regeln der **semantischen Versionierung** anpassen. Anschließend kannst du die neue Version mit `cargo publish` veröffentlichen.

8.4 Workspaces

Rust unterstützt **Workspaces**, die es ermöglichen, mehrere Crates in einem Projekt zu organisieren. Workspaces sind ideal, wenn du an einem großen Projekt arbeitest, das aus mehreren kleineren Bibliotheken oder Binärprojekten besteht.

Ein Workspace wird in der **obersten** `Cargo.toml`-**Datei** des Projekts definiert. Ein Beispiel für eine Workspace-Konfiguration:

```
[workspace]

members = [

    "crate1",

    "crate2",

]
```

Jeder Eintrag in `members` verweist auf eine eigene Crate im Projektverzeichnis. Workspaces ermöglichen es, mehrere Crates gemeinsam zu bauen und zu testen.

8.5 Zusammenfassung

In diesem Kapitel haben wir gelernt, wie man Code in Rust modularisiert und wie man das Paketmanagement verwendet, um externe Bibliotheken einzubinden oder eigene Crates zu erstellen. Die wichtigsten Punkte waren:

- **Module** helfen dabei, Code in kleinere, handhabbare Einheiten zu gliedern.
- **Crates** sind die grundlegenden Bausteine in Rust und können sowohl ausführbare Programme als auch Bibliotheken darstellen.
- **Cargo** verwaltet Abhängigkeiten und ermöglicht das einfache Erstellen und Veröffentlichen von Crates.
- **Workspaces** erleichtern die Verwaltung größerer Projekte mit mehreren Crates.

Im nächsten Kapitel werden wir tiefer in fortgeschrittene Themen eintauchen, wie etwa **Speicheroptimierung und Performance-Tuning** in Rust.

Kapitel 9: Speicheroptimierung und Performance-Tuning in Rust

Rust wird oft als eine Sprache gelobt, die es schafft, **hohe Leistung** und **Speichersicherheit** zu kombinieren. Diese Kombination ist ein wichtiger Grund dafür, dass Rust in Bereichen wie Systemprogrammierung, Spieleentwicklung und Hochleistungsanwendungen immer beliebter wird. In diesem Kapitel werden wir untersuchen, wie man Programme in Rust optimieren kann, um **Ressourcen effizient zu nutzen** und **Performance-Engpässe** zu vermeiden.

9.1 Grundprinzipien der Speicherverwaltung in Rust

Rust verwendet ein **Ownership-Modell**, das es ermöglicht, Speicher effizient zu verwalten, ohne die Nachteile von Garbage Collection oder die Risiken von **use-after-free**-Fehlern, die in vielen anderen Programmiersprachen auftreten. Dies gibt uns als Entwickler großen Einfluss auf die Art und Weise, wie Speicher genutzt und freigegeben wird.

9.1.1 Stack und Heap

In Rust, wie in vielen anderen Sprachen, gibt es zwei Hauptspeicherbereiche:

- **Stack**: Der Stack ist ein begrenzter Speicherbereich, der extrem schnell arbeitet. Daten, deren Größe zur Compile-Zeit bekannt ist (z. B. primitive Typen und kleine Arrays), werden auf dem Stack gespeichert.
- **Heap**: Der Heap ist größer, aber langsamer als der Stack. Daten, deren Größe zur Laufzeit variiert (z. B. Strings oder große Vektoren), werden auf dem Heap abgelegt.

Das effiziente Verwalten dieser beiden Speicherbereiche ist entscheidend für die Optimierung der Leistung in Rust.

9.1.2 Stack vs. Heap: Wann verwenden?

Die Entscheidung, ob Daten auf dem Stack oder dem Heap gespeichert werden sollen, wird von Rust basierend auf den Datenstrukturen getroffen. Einige allgemeine Richtlinien zur Optimierung der Speicherverwaltung:

- **Kleinere Datenmengen** (primitive Typen, kurze Arrays) sollten nach Möglichkeit auf dem Stack bleiben, da der Zugriff auf den Stack schneller ist.
- **Größere Datenmengen** oder Daten, deren Größe zur Compile-Zeit unbekannt ist, sollten auf den Heap verschoben werden. Die Verwendung von Heap-basierten

Datenstrukturen (wie Box, Vec oder String) ist hier der richtige Weg.

Beispiel für den Stack:

```
fn main() {

    let x = 42;   // x wird auf dem Stack
gespeichert

    println!("x = {}", x);

}
```

Beispiel für den Heap:

```
fn main() {

    let s = String::from("Hallo, Welt!");   //
String wird auf dem Heap gespeichert

    println!("{}", s);

}
```

9.2 Zero-Cost Abstractions

Ein zentrales Konzept von Rust ist die Idee der **Zero-Cost Abstractions**. Dies bedeutet, dass abstrakte Konstrukte (wie Generics oder Iteratoren) keine zusätzlichen Kosten in Bezug auf Laufzeit oder Speicherverbrauch verursachen, verglichen mit einem handgeschriebenen, optimierten Code.

9.2.1 Iteratoren

Rusts **Iteratoren** sind ein Paradebeispiel für eine Zero-Cost-Abstraktion. Sie bieten eine elegante Möglichkeit, über Datenstrukturen zu iterieren, und werden zur Compile-Zeit in optimierten Code umgewandelt, der oft so effizient ist wie handgeschriebene Schleifen.

Beispiel:

```
fn main() {

    let zahlen = vec![1, 2, 3, 4, 5];


    // Nutzung eines Iterators, um die Summe der
Zahlen zu berechnen

    let summe: i32 = zahlen.iter().sum();

    println!("Summe: {}", summe);

}
```

Hier sorgt der Compiler dafür, dass der Code genauso effizient ist wie eine explizite Schleife:

```
fn main() {

    let zahlen = vec![1, 2, 3, 4, 5];

    let mut summe = 0;


    for zahl in &zahlen {
```

```
    summe += zahl;

    }


    println!("Summe: {}", summe);

}
```

9.2.2 Generics und Monomorphisierung

Generics ermöglichen es uns, wiederverwendbare Funktionen und Strukturen zu schreiben, ohne dass dabei Leistungseinbußen entstehen. Rust kompiliert generischen Code zu spezifischem Maschinencode (ein Prozess, der als **Monomorphisierung** bezeichnet wird), sodass zur Laufzeit keine zusätzlichen Kosten entstehen.

Beispiel:

```
fn doppelt<T: std::ops::Add<Output = T>>(x: T) ->
T {

    x + x

}


fn main() {

    let ergebnis = doppelt(5);   // Der Compiler
erzeugt spezifischen Code fuer `i32`
```

```
    println!("{}", ergebnis);

}
```

9.3 Heap-Allokationen minimieren

Obwohl der Heap nützlich ist, kann übermäßiges **Allozieren und Freigeben von Speicher** die Leistung negativ beeinflussen, insbesondere in zeitkritischen Anwendungen. Hier sind einige Tipps, wie man Heap-Allokationen minimieren kann.

9.3.1 Vorabkapazität für Vektoren und Strings

Die Datenstrukturen Vec und String können dynamisch wachsen, was jedoch zu teuren Reallokationen führen kann. Wenn die ungefähre Größe der Daten bekannt ist, kann man mit Vec::with_capacity oder String::with_capacity eine bestimmte Kapazität vorab reservieren.

Beispiel:

```
fn main() {
    let mut vektor = Vec::with_capacity(100);
// Reserviert Speicher fuer 100 Elemente

    for i in 0..100 {

    vektor.push(i);

    }

}
```

9.3.2 Box und Rc/Arc

Wenn du Daten auf dem Heap speichern musst, aber sicherstellen willst, dass diese Daten nur einmal alloziert und dann effizient genutzt werden, bieten sich die Typen Box, Rc und Arc an.

- Box<T> erlaubt das Speichern eines Wertes auf dem Heap, wobei nur ein Besitzer existiert.
- Rc<T> (Reference Counting) erlaubt mehreren Besitzern eines Wertes, solange diese im gleichen Thread arbeiten.
- Arc<T> (Atomic Reference Counting) ist wie Rc, jedoch sicher für mehrere Threads.

Beispiel:

```
use std::rc::Rc;


fn main() {

    let daten = Rc::new(vec![1, 2, 3]);


    let daten_clone = Rc::clone(&daten);   // Kein
Kopieren der Daten, nur Erhoehung des
Referenzzaehlers

    println!("Daten: {:?}", daten_clone);

}
```

9.4 Speicherlayouts und Optimierung von Datenstrukturen

In Rust ist es wichtig, das **Speicherlayout** von Datenstrukturen zu verstehen, um sie optimal zu nutzen.

9.4.1 Structs und Speicherlayout

Strukturen in Rust werden **kontinuierlich im Speicher** angelegt. Wenn du eine `struct` mit vielen Feldern hast, kann die Reihenfolge der Felder Auswirkungen auf den Speicherverbrauch haben, da Rust manchmal Padding (Auffüllen von Speicher) verwendet, um eine effiziente Ausrichtung zu gewährleisten.

Beispiel für optimiertes Layout:

```
struct Optimiert {

    a: u64,   // 8 Byte

    b: u32,   // 4 Byte

    c: u16,   // 2 Byte

    d: u8,    // 1 Byte

}   // Gesamtgroeße: 16 Byte (kein Padding notwendig)
```

Wenn die Reihenfolge nicht optimiert ist, kann dies zu unnötigem Padding führen:

```
struct NichtOptimiert {

    d: u8,    // 1 Byte
```

```
    b: u32,   // 4 Byte

    c: u16,   // 2 Byte

    a: u64,   // 8 Byte

}  // Gesamtgroeße: 24 Byte (aufgrund von Padding)
```

9.4.2 Enums und Speicherplatz

Enums in Rust verwenden das **kleinste mögliche Speicherformat**, um die unterschiedlichen Varianten darzustellen. Dies führt zu einer effizienten Nutzung des Speichers, besonders wenn die Enum-Varianten unterschiedlich groß sind.

Beispiel:

```
enum Nachricht {

    Text(String),

    Zahl(i32),

    Leer,

}
```

Rust optimiert den Speicher so, dass nur der benötigte Platz für die größte Variante reserviert wird.

9.5 Performance-Tuning durch Profiling und Benchmarks

Rust bietet integrierte Werkzeuge, um die Leistung deines Codes zu messen und zu optimieren.

9.5.1 Benchmarking

Mit der `cargo bench`-Funktion können Leistungsbenchmarks erstellt werden. Rust bietet die Bibliothek `criterion` als erweitertes Tool für präzisere Benchmarks.

Beispiel:

```
use criterion::{black_box, Criterion};


fn benchmark_funktion(c: &mut Criterion) {

    c.bench_function("addiere", |b| b.iter(||
black_box(2 + 2)));

}
```

9.5.2 Profiling

Profiling-Werkzeuge wie `perf` (für Linux) oder `Instruments` (für macOS) helfen dabei, Engpässe in der Performance zu finden. Sie zeigen, welche Teile des Codes die meiste Zeit beanspruchen und erlauben eine gezielte Optimierung.

9.6 Zusammenfassung

In diesem Kapitel haben wir uns intensiv mit **Speicheroptimierung** und **Performance-Tuning** in Rust beschäftigt. Wichtige Konzepte, die wir behandelt haben, waren:

- **Stack und Heap**: Wie Daten effizient auf beiden Speicherbereichen verwaltet werden.
- **Zero-Cost Abstractions**: Wie Rust abstrakte Konstrukte ohne Leistungseinbußen bereitstellt.
- **Minimierung von Heap-Allokationen**: Durch die Vorabkapazität von Vektoren und den Einsatz von `Box` und `Rc`.
- **Speicherlayout**: Wie die Organisation von Strukturen und Enums den Speicherverbrauch beeinflusst.
- **Profiling und Benchmarking**: Wie man die Leistung seines Programms misst und verbessert.

Das nächste Kapitel wird sich mit **Parallelisierung und asynchroner Programmierung** beschäftigen, um noch mehr Leistung aus deinen Rust-Anwendungen herauszuholen.

Kapitel 10: Parallelisierung und asynchrone Programmierung in Rust

Heutige Anwendungen müssen oft mehrere Aufgaben gleichzeitig ausführen, sei es durch die Nutzung von Multicore-Prozessoren oder durch das gleichzeitige Warten auf mehrere Eingabe-/Ausgabeoperationen (I/O). Rust bietet für beide Szenarien hervorragende Unterstützung – für **Parallelisierung** durch Threads und für **Asynchronität** durch `async`/`await`. In diesem Kapitel werden wir uns mit beiden Themen beschäftigen.

10.1 Parallelisierung in Rust

Parallelisierung bezieht sich auf das gleichzeitige Ausführen von mehreren unabhängigen Aufgaben. In Rust können wir dies mithilfe von **Threads** erreichen. Ein Thread ist eine leichtgewichtige, parallele Ausführungseinheit innerhalb eines Programms.

10.1.1 Rust's Thread-Modell

Rust bietet eine sichere und einfache Möglichkeit, mit **Threads** zu arbeiten. Anders als in vielen anderen Sprachen stellt Rust sicher, dass Threads keine **Datenraces** verursachen. Dies wird durch das **Ownership- und Borrowing-System** gewährleistet, das zur Compile-Zeit überprüft, ob Daten sicher zwischen Threads geteilt werden können.

Ein einfaches Beispiel zur Erstellung eines Threads:

```
use std::thread;


fn main() {

    let handle = thread::spawn(|| {

    for i in 1..10 {

        println!("Hallo aus dem Thread: {}", i);

    }

    });
```

```
    for i in 1..5 {

    println!("Hallo aus dem Haupt-Thread: {}",
i);

    }


    handle.join().unwrap();   // Wartet darauf,
dass der Thread beendet ist

}
```

In diesem Beispiel erstellen wir einen neuen Thread mit `thread::spawn` und führen parallel eine Schleife im Haupt-Thread und im neuen Thread aus. Mit `handle.join()` wird sichergestellt, dass der Haupt-Thread wartet, bis der neue Thread fertig ist.

10.1.2 Gemeinsamer Zugriff auf Daten in Threads

Rust stellt sicher, dass der **gemeinsame Zugriff auf Daten** zwischen Threads sicher erfolgt. Dies kann durch verschiedene Mechanismen wie `Mutex`, `Arc` und **Channels** erreicht werden.

Gemeinsamer Zugriff mit `Mutex` und `Arc`

Ein `Mutex` (mutual exclusion) sorgt dafür, dass immer nur ein Thread gleichzeitig auf bestimmte Daten zugreifen kann. Um Daten sicher zwischen Threads zu teilen, wird häufig `Arc` (atomic reference counting) verwendet, da es sicherstellt, dass mehrere Threads gleichzeitig Zugriff auf die gleichen Daten haben, ohne dass es zu Problemen kommt.

Beispiel:

```rust
use std::sync::{Arc, Mutex};

use std::thread;


fn main() {

    let counter = Arc::new(Mutex::new(0));

    let mut handles = vec![];


    for _ in 0..10 {

    let counter = Arc::clone(&counter);

    let handle = thread::spawn(move || {

        let mut num = counter.lock().unwrap();

        *num += 1;

    });

    handles.push(handle);

    }


    for handle in handles {

    handle.join().unwrap();

    }
```

```
        println!("Ergebnis: {}",
*counter.lock().unwrap());

}
```

In diesem Beispiel teilen sich mehrere Threads einen Zähler, der in einem Mutex eingeschlossen ist. Jeder Thread greift auf die Daten über das Arc-Objekt zu, und der Mutex sorgt dafür, dass nur ein Thread gleichzeitig auf die Daten zugreifen kann.

10.1.3 Kommunikation zwischen Threads mit Channels

Ein anderer Weg, Daten zwischen Threads auszutauschen, ist die Verwendung von **Channels**. Rust bietet ein Kanal-System, mit dem Threads Nachrichten an andere Threads senden und von ihnen empfangen können. Dies erleichtert die Kommunikation und fördert ein **Thread-sicheres** Design.

Beispiel für die Kommunikation mit Channels:

```
use std::sync::mpsc;

use std::thread;

use std::time::Duration;


fn main() {

    let (sender, empfaenger) = mpsc::channel();
```

```
    thread::spawn(move || {

        let nachricht = String::from("Hallo von einem
Thread!");

        sender.send(nachricht).unwrap();

    });


        let empfangene_nachricht =
empfaenger.recv().unwrap();

        println!("Nachricht erhalten: {}",
empfangene_nachricht);

}
```

In diesem Beispiel erstellen wir einen Channel und lassen einen Thread eine Nachricht an den Haupt-Thread senden. Channels sind eine gute Möglichkeit, Threads voneinander zu entkoppeln und gleichzeitig Daten sicher zwischen ihnen auszutauschen.

10.2 Asynchrone Programmierung in Rust

Asynchrone Programmierung ist besonders nützlich, wenn es darum geht, **nicht blockierende I/O-Operationen** durchzuführen, wie z. B. das Warten auf Netzwerkoperationen. Rust bietet ein modernes, leistungsstarkes Modell für **Asynchronität**, das auf async und await basiert.

10.2.1 async und await in Rust

Das Rust-Ökosystem unterstützt die **asynchrone Programmierung** durch die Einführung von async-Funktionen und das await-Schlüsselwort. Diese ermöglichen es, asynchrone Aufgaben zu definieren, die später ausgeführt werden können, ohne den aktuellen Thread zu blockieren.

Ein einfaches Beispiel für eine async-Funktion:

```
async fn lade_daten() -> String {

    // Simulation einer asynchronen Operation

    "Daten geladen!".to_string()

}



#[tokio::main]  // Tokio Runtime fuer asynchrone
Funktionen

async fn main() {

    let daten = lade_daten().await;

    println!("{}", daten);

}
```

Hier sehen wir eine async-Funktion, die asynchron Daten lädt. Die Funktion blockiert nicht, während sie auf das Ergebnis wartet, sondern setzt die Ausführung anderer Aufgaben fort, bis das Ergebnis verfügbar ist.

10.2.2 Asynchrone Tasks

In Rust kann man **asynchrone Aufgaben** (async tasks) erstellen, die unabhängig voneinander ausgeführt werden. Diese Aufgaben laufen oft auf einer **asynchronen Laufzeitumgebung** wie **Tokio** oder **async-std**, die dafür sorgt, dass die Aufgaben effizient verwaltet werden.

Beispiel:

```
use tokio::time::{sleep, Duration};


async fn aufgabe_1() {

    println!("Aufgabe 1 gestartet");

    sleep(Duration::from_secs(2)).await;

    println!("Aufgabe 1 beendet");

}


async fn aufgabe_2() {

    println!("Aufgabe 2 gestartet");

    sleep(Duration::from_secs(1)).await;

    println!("Aufgabe 2 beendet");

}
```

```
#[tokio::main]

async fn main() {

    tokio::join!(aufgabe_1(), aufgabe_2());  //
Fuehrt beide Aufgaben parallel aus

}
```

- Anwendung viel Zeit damit verbringt, auf externe Ressourcen zu warten (z. B. Netzwerkanfragen oder Dateisystemzugriffe).
- **Server-basierte Anwendungen**: Webserver und andere Netzwerkdienste profitieren von Asynchronität, da sie viele Anfragen gleichzeitig verarbeiten können, ohne jeden Thread zu blockieren.

Wenn es darum geht, **CPU-lastige Aufgaben** parallel auszuführen, sind Threads und echte Parallelisierung durch Multithreading oft die bessere Wahl.

10.4 Fallstricke bei der Parallelisierung und Asynchronität

Obwohl Rust viele Sicherheitsvorkehrungen bietet, gibt es einige Herausforderungen, denen man begegnen kann:

- **Deadlocks**: Bei parallelen Programmen kann es passieren, dass Threads in einer Sackgasse landen, wenn sie gegenseitig auf Ressourcen warten. Dies sollte durch sorgfältige Planung und den Einsatz von `Mutex` oder `RwLock` vermieden werden.
- **Overhead bei Asynchronität**: Asynchrone Programmierung bringt zwar viele Vorteile, kann jedoch bei zu feinkörniger

Nutzung unnötigen Overhead erzeugen. Man sollte nur dann Asynchronität nutzen, wenn sie sinnvoll ist (z. B. bei I/O-Operationen).

10.5 Zusammenfassung

In diesem Kapitel haben wir uns mit zwei wichtigen Konzepten für die Leistungssteigerung in Rust beschäftigt:

- **Parallelisierung**: Mithilfe von Threads und Werkzeugen wie `Mutex`, `Arc` und Channels können wir sicher und effizient parallele Programme schreiben.
- **Asynchrone Programmierung**: Das `async`-Modell von Rust ermöglicht es uns, Programme zu schreiben, die I/O-Operationen nicht blockieren und dennoch effizient bleiben.

Im nächsten Kapitel werden wir uns mit **Unsafe Rust** befassen – einem Thema, das erfahrenen Entwicklern mehr Kontrolle über die Low-Level-Operationen in Rust gibt.

Kapitel 11: Unsafe Rust – Kontrolle über Low-Level-Operationen

Rust ist bekannt für seine Sicherheitsgarantien, die durch das **Ownership-System** und die **Lebenszeitprüfung** (Lifetimes) bereitgestellt werden. Es gibt jedoch Fälle, in denen diese strikten Regeln eine flexible Programmierung einschränken können, besonders bei **Low-Level-Operationen** wie der direkten Speicherverwaltung. In solchen Situationen erlaubt Rust den Einsatz von `unsafe`, was dem Entwickler mehr Freiheit und

Kontrolle gibt – allerdings auch die Verantwortung, die sonst durch den Compiler übernommen wird.

In diesem Kapitel lernst du:

- Was `unsafe` Rust ist und warum man es braucht.
- Wie du `unsafe` Blöcke verantwortungsvoll verwendest.
- Häufige Anwendungsfälle für Unsafe Rust.
- Die Risiken und Vorsichtsmaßnahmen beim Einsatz von `unsafe`.

11.1 Was ist unsafe Rust?

In Rust gibt es zwei Modi: **Safe Rust** und **Unsafe Rust**. **Safe Rust** ist der normale Modus, in dem der Compiler die vollständige Überprüfung durchführt, um sicherzustellen, dass dein Code **speichersicher** ist. Das bedeutet:

- Es gibt keine **Datenraces**.
- Es gibt keinen **undefinierten Speicherzugriff**.
- Der Besitz und die Lebenszeiten von Daten sind stets korrekt verwaltet.

Unsafe Rust erlaubt dir, bestimmte sicherheitsrelevante Regeln zu umgehen, wie beispielsweise:

- Direkter Zugriff auf rohen Speicher (Raw Pointers).
- Dereferenzierung von Pointern ohne Sicherheitsüberprüfungen.
- Direkter Aufruf von unsicheren Funktionen (z. B. aus C-Bibliotheken).
- Verändern von unveränderlichen Daten (Mutability).

11.1.1 Wann sollte man unsafe Rust verwenden?

Es gibt Situationen, in denen Safe Rust nicht genug Flexibilität bietet. Dies sind einige typische Anwendungsfälle für unsafe Rust:

- **Interoperabilität mit C**: Wenn du Funktionen aus C-Bibliotheken aufrufst, ist die Speicherverwaltung nicht durch den Rust-Compiler garantiert.
- **Manuelle Speicherverwaltung**: In speziellen Situationen kann es sinnvoll sein, Speicher selbst zu verwalten, insbesondere in Systemprogrammen oder für Performance-Optimierungen.
- **Low-Level-Hardwarezugriffe**: Für Betriebssystem- und Embedded-System-Entwicklung ist direkter Zugriff auf Hardware häufig erforderlich.

Rust zwingt dich jedoch dazu, unsicheren Code in einen speziellen unsafe-Block zu verpacken, sodass du explizit markierst, wo der Compiler seine Sicherheitsüberprüfungen nicht mehr durchführt.

11.1.2 Der unsafe Block

In Rust wird unsicherer Code in einen unsafe **Block** eingeschlossen. Der unsafe Block signalisiert, dass der Entwickler die Verantwortung für die Sicherheit des darin enthaltenen Codes übernimmt.

Beispiel:

```
let x: i32 = 42;

let r: *const i32 = &x; // Rohzeiger auf `x`
erstellen
```

```
unsafe {

    println!("Wert von r: {}", *r); //
Dereferenzierung eines Rohzeigers ist unsicher

}
```

In diesem Beispiel verwenden wir einen **Raw Pointer** (`*const i32`), um auf den Wert von `x` zuzugreifen. Die Dereferenzierung eines Raw Pointers ist unsicher, da es keine Garantie gibt, dass der Pointer gültig ist oder auf den richtigen Speicher zeigt. Daher muss der Zugriff in einem `unsafe` Block erfolgen.

11.2 Unsichere Operationen in Rust

Rust definiert eine Reihe von Operationen, die nur innerhalb eines `unsafe` Blocks ausgeführt werden dürfen. Zu den wichtigsten zählen:

11.2.1 Rohzeiger (Raw Pointers)

Rohzeiger (`*const T` und `*mut T`) sind ähnlich wie Referenzen, aber sie werden nicht von Rusts Borrow-Checker geprüft. Daher bieten sie keine Garantien bezüglich der Lebensdauer oder der Exklusivität von Zugriffen.

- `*const T`: Ein nicht veränderbarer Zeiger.
- `*mut T`: Ein veränderbarer Zeiger.

Ein Beispiel für die Verwendung von Rohzeigern:

```
let mut x = 10;

let p: *mut i32 = &mut x; // Erstellen eines
mutablen Rohzeigers


unsafe {

    *p += 1; // Unsichere Dereferenzierung des
Pointers

}

println!("x ist nun: {}", x);
```

Hier modifizieren wir den Wert von x über einen mutablen Raw Pointer. Der Compiler kann jedoch nicht garantieren, dass p auf gültigen Speicher zeigt, weshalb die Dereferenzierung unsicher ist.

11.2.2 Unsichere Traits

Manchmal musst du ein **unsicheres Trait** definieren, das spezielle Anforderungen an die Implementierung stellt, die Rusts normale Sicherheitsüberprüfungen nicht garantieren können. Ein Beispiel wäre ein Trait, das auf Low-Level-Hardwarezugriffe angewiesen ist.

Ein Beispiel für ein unsicheres Trait:

```
unsafe trait HardwareAccess {

    fn read_register(&self) -> u32;

}
```

102

```
struct MyDevice;


unsafe impl HardwareAccess for MyDevice {

    fn read_register(&self) -> u32 {

    // Low-Level Zugriff auf Hardware

    42

    }

}
```

Die unsafe impl-Deklaration zeigt an, dass die Implementierung von HardwareAccess unsicher ist und der Entwickler sicherstellen muss, dass die Implementierung korrekt ist.

11.2.3 Unsafe FFI (Foreign Function Interface)

Ein häufiger Anwendungsfall für unsafe ist das Aufrufen von Funktionen aus anderen Sprachen, insbesondere **C**. Rust bietet ein **FFI** (Foreign Function Interface), um mit C-Code zu interagieren, aber solche Aufrufe sind unsicher, da Rust nicht garantieren kann, dass die Funktion korrekt und sicher implementiert ist.

Beispiel für einen unsicheren C-Aufruf:

```
extern "C" {

    fn c_function() -> i32;

}
```

```
unsafe {

    let result = c_function();

    println!("Ergebnis von c_function: {}",
result);

}
```

Hier wird die Funktion `c_function` aus einer externen C-Bibliothek aufgerufen. Da Rust nicht wissen kann, ob diese Funktion sicher ist, muss der Aufruf in einem `unsafe` Block erfolgen.

11.3 Was unsafe nicht tut

Es ist wichtig zu verstehen, dass `unsafe` nur bestimmte Sicherheitsgarantien von Rust aufhebt. **Es deaktiviert jedoch nicht Rusts gesamten Sicherheitsmechanismus**. Selbst in einem `unsafe` Block gelten weiterhin einige Regeln:

- **Typensicherheit**: Der Rust-Compiler stellt sicher, dass auch in `unsafe` Blocks Typen korrekt verwendet werden.
- **Sichtbarkeit von Feldern**: Du kannst in `unsafe` nicht einfach auf private Felder von Strukturen zugreifen, die du normalerweise nicht ändern dürftest.
- **Ownership bleibt intakt**: Auch in `unsafe` gelten die Regeln für Ownership und Borrowing, wenn du normale Referenzen (`&T` oder `&mut T`) verwendest.

Unsicherer Code bedeutet also nicht, dass man vollständig auf Rusts Sicherheitsgarantien verzichten kann – es ist lediglich ein Werkzeug, um bestimmte manuelle Operationen durchzuführen.

11.4 Risiken und Vorsichtsmaßnahmen

Da unsafe so mächtig ist, bringt es einige Risiken mit sich. Hier sind einige der häufigsten Fallstricke:

11.4.1 Dereferenzieren von ungültigen Pointern

Das Dereferenzieren von Pointern, die auf ungültigen Speicher zeigen, kann zu **undefiniertem Verhalten** führen. Daher ist es wichtig, vor der Dereferenzierung sicherzustellen, dass der Pointer tatsächlich auf gültigen Speicher zeigt.

11.4.2 Datenraces

Datenraces treten auf, wenn mehrere Threads gleichzeitig auf dieselben Daten zugreifen und mindestens einer der Zugriffe schreibend ist. In Rusts Safe Code wird dies durch das Ownership-System verhindert, aber in unsafe Blöcken musst du selbst sicherstellen, dass keine Datenraces auftreten.

11.4.3 Undefiniertes Verhalten

Das größte Risiko bei unsafe Rust ist **undefiniertes Verhalten**. Sobald ein Programm undefiniertes Verhalten aufweist, sind die Konsequenzen nicht vorhersehbar, und es kann zu schwerwiegenden Fehlern kommen. Daher sollte unsafe nur in Ausnahmefällen und mit großer Vorsicht verwendet werden.

11.5 Best Practices für unsafe Rust

Hier sind einige Best Practices, um unsafe Rust sicher und verantwortungsbewusst zu verwenden:

1. **Minimiere den Umfang von** unsafe **Blöcken**: Fasse den unsicheren Code in möglichst kleine, gut definierte Blöcke zusammen.
2. **Dokumentiere unsicheren Code**: Stelle sicher, dass du unsicheren Code gut dokumentierst, damit andere (und du selbst) verstehen, warum unsafe notwendig ist und wie es funktioniert.
3. **Testen und Verifizieren**: Teste unsicheren Code gründlich, insbesondere mit Tools wie **Miri**, das speziell dafür entwickelt wurde, undefiniertes Verhalten in Rust zu finden.
4. **Vermeide unnötige Nutzung von** unsafe: Wenn es eine sichere Möglichkeit gibt, etwas zu implementieren, bevorzuge diese stets gegenüber unsicherem Code.

11.6 Zusammenfassung

In diesem Kapitel haben wir das mächtige, aber risikoreiche Werkzeug unsafe **Rust** kennengelernt. unsafe erlaubt es uns, auf **Low-Level-Funktionen** zuzugreifen, die in Safe Rust nicht möglich wären, wie z. B. die manuelle Speicherverwaltung, der direkte Zugriff auf Rohzeiger oder das Aufrufen von C-Funktionen. Obwohl unsafe viel Flexibilität bietet, muss es mit großer Vorsicht und Bedacht eingesetzt werden, um Speicherfehler und undefiniertes Verhalten zu vermeiden.

Im nächsten Kapitel werden wir uns mit **Metaprogrammierung in Rust** beschäftigen und untersuchen, wie wir mithilfe von **Makros** und anderen Techniken flexiblen und wiederverwendbaren Code schreiben können.

Kapitel 12: Metaprogrammierung mit Makros in Rust

12.1 Was ist Metaprogrammierung?

Metaprogrammierung ist das Schreiben von Code, der Code generiert. Sie hilft uns dabei, sich wiederholende Muster zu vermeiden und bestimmte Anforderungen effizient und elegant zu lösen. In Rust geschieht Metaprogrammierung in erster Linie über **Makros**, welche zur Compile-Zeit Code erzeugen und so die Laufzeitleistung nicht beeinträchtigen.

Makros sind hilfreich, wenn:

- **Code-Strukturen** häufig wiederholt werden.
- **DRY-Prinzip** („Don't Repeat Yourself") beachtet werden soll.
- **Code-Generierung** gewünscht ist, um den Quellcode kompakter und lesbarer zu gestalten.

Rust bietet hauptsächlich zwei Arten von Makros:

1. **Makro-by-example** (auch als deklarative Makros bezeichnet).
2. **Prozedurale Makros**, die mit zusätzlichem Aufwand mehr Flexibilität ermöglichen.

Unterschiede zwischen Funktionen und Makros

Makros und Funktionen erfüllen in Rust unterschiedliche Zwecke:

- **Funktionen** sind zur Laufzeit ausführbar und benötigen festgelegte Parameter.

- **Makros** arbeiten zur Compile-Zeit, können verschiedene Muster aufnehmen und dynamisch Code generieren.

12.2 Deklarative Makros (Makro-by-example)

Deklarative Makros in Rust folgen dem Konzept von „Muster und Ersatz". Diese Art von Makros ist in der Regel einfacher zu erstellen und zu verstehen. Sie werden mit dem Schlüsselwort `macro_rules!` definiert und bestehen aus **Patterns** und **Expansions**.

12.2.1 Aufbau eines Makro-by-example

Das folgende Beispiel zeigt ein einfaches Makro, das zum Debuggen von Variablen verwendet werden kann:

```
macro_rules! debug_print {

    ($var:expr) => {

    println!("{} = {:?}", stringify!($var),
$var);

    };

}

fn main() {

    let x = 42;

    debug_print!(x); // Ausgabe: "x = 42"

}
```

In diesem Beispiel verwendet das `debug_print!`-Makro das **Pattern-Matching** `$var:expr`, um beliebige Ausdrücke (Expressionen) aufzunehmen und sie anschließend als Zeichenkette (`stringify!`) in der `println!`-Ausgabe auszugeben.

Erklärung der Komponenten:

- `$var:expr`: `$var` steht für eine Variable, und `expr` zeigt an, dass jede Art von Ausdruck aufgenommen wird.
- `stringify!`: Rusts `stringify!`-Makro konvertiert das Argument in eine Zeichenkette zur Compile-Zeit.

12.2.2 Variadische Makros

Ein Makro kann variadisch sein, d. h., es kann eine beliebige Anzahl von Argumenten akzeptieren. Dies ist besonders nützlich, wenn das Makro flexibel und dynamisch sein soll:

```
macro_rules! sum {

    ($($num:expr),*) => {

    {

        let mut total = 0;

        $(

            total += $num;

        )*

        total
    }
```

```
    };

}


fn main() {

    let total = sum!(1, 2, 3, 4, 5);

    println!("Die Summe ist: {}", total); //
Ausgabe: Die Summe ist: 15

}
```

Hier wird $(\$num:expr)$,* verwendet, um eine beliebige Anzahl von Ausdrücken aufzunehmen. Das Makro sum! summiert alle Argumente auf.

12.3 Prozedurale Makros

Prozedurale Makros sind eine fortgeschrittenere Form von Makros in Rust und bieten eine höhere Flexibilität als deklarative Makros. Sie erlauben uns, Rust-Code zu analysieren und in komplexeren Fällen anzupassen oder zu erweitern. Prozedurale Makros werden in separaten Bibliotheken definiert und bieten Zugriff auf den kompletten Abstract Syntax Tree (AST) von Rust.

Prozedurale Makros gibt es in drei Formen:

- **Derive-Makros**: Werden zur Erweiterung von Strukturen und Enums genutzt.

- **Attribut-Makros**: Ermöglichen das Hinzufügen von Attributen zu Funktionen und Strukturen.
- **Funktions-Makros**: Können verwendet werden, um benutzerdefinierte Code-Elemente zu erzeugen.

12.3.1 Beispiel: Derive-Makro

Ein Derive-Makro wird häufig verwendet, um benutzerdefinierte Implementierungen für bestimmte Traits wie Debug, Clone oder Serialize zu erstellen. So können Strukturen automatisch bestimmte Funktionalitäten erhalten.

Beispiel:

```rust
use serde::Serialize;


#[derive(Serialize)]

struct Person {

    name: String,

    age: u32,

}


fn main() {

    let person = Person {

    name: String::from("Alice"),
```

```
    age: 30,

    };

    // `person` kann nun in JSON umgewandelt
werden

}
```

In diesem Beispiel fügt `#[derive(Serialize)]` der
`Person`-Struktur automatisch die notwendigen Methoden hinzu, um
sie serialisieren zu können. Hinter der Szene wird ein Derive-Makro
angewendet, das Code zur Compile-Zeit generiert.

12.3.2 Eigenes Attribut-Makro

Ein Attribut-Makro ermöglicht es, benutzerdefinierte Attribute zu
erstellen und damit bestimmte Verhaltensweisen zu aktivieren.

Ein einfaches Attribut-Makro könnte so aussehen:

```
use proc_macro::TokenStream;

#[proc_macro_attribute]

pub fn my_custom_attribute(_attr: TokenStream,
item: TokenStream) -> TokenStream {

    println!("Mein benutzerdefiniertes Attribut
wurde aufgerufen!");

    item

}
```

In diesem Beispiel würde `my_custom_attribute` aufgerufen, wenn es einer Funktion hinzugefügt wird. Solche Makros sind nützlich, um Code mit zusätzlichen Informationen oder Verhaltensweisen zu versehen.

12.4 Makros als mächtiges Werkzeug

Makros in Rust bieten viele Vorteile und helfen dabei, wiederverwendbaren, übersichtlichen und performanten Code zu schreiben. Rust-Programmierer können mit Makros:

- Code-Verdoppelungen vermeiden.
- Funktionalität zur Compile-Zeit generieren.
- Flexibel auf verschiedene Anforderungen reagieren, ohne die Sicherheit und Lesbarkeit zu opfern.

12.4.1 Makros vs. Inline-Funktionen

Makros und Funktionen haben beide ihren Platz in Rust. Während Funktionen strukturierten, wiederverwendbaren Code zur Laufzeit ausführen, bieten Makros eine höhere Flexibilität bei der Compile-Zeit. Daher eignen sich Makros besonders für komplexe Muster und Aufgaben, bei denen Code-Duplikate vermieden werden sollen.

12.5 Best Practices für die Verwendung von Makros

Makros können, wenn sie zu häufig oder unüberlegt eingesetzt werden, schnell die Lesbarkeit und Wartbarkeit von Code beeinträchtigen. Hier sind einige Best Practices für die sichere und effiziente Nutzung von Makros in Rust:

1. **Nur bei Bedarf einsetzen**: Vermeide den übermäßigen Einsatz von Makros. Verwende sie nur dann, wenn sie eine echte Erleichterung bieten.
2. **Einfach und klar halten**: Komplexe Makros können schwer nachvollziehbar sein. Gestalte die Makrodefinition so verständlich wie möglich.
3. **Gut dokumentieren**: Da Makros dynamischen Code generieren, ist eine präzise Dokumentation notwendig.
4. **Testen**: Teste Makros gründlich, um sicherzustellen, dass sie in allen Anwendungsfällen korrekt funktionieren.

12.6 Zusammenfassung

In diesem Kapitel haben wir uns mit der Metaprogrammierung und Makros in Rust befasst und gesehen, wie wir mit Hilfe von deklarativen und prozeduralen Makros flexiblen und leistungsfähigen Code zur Compile-Zeit erzeugen können. Metaprogrammierung in Rust ermöglicht es uns, wiederkehrende Muster zu vermeiden, effizienten Code zu generieren und komplexe Strukturen elegant zu handhaben.

Der Autor hat bisher folgende Bücher veröffentlicht:

Titel	ISBN
Go in der Praxis	979-8339062486
Container, Docker und Kubernetes	979-8340218391
Kotlin Programmierung	979-8343523539
Business Intelligence Basics	979-8339533467
Rust für Entwickler	979-8344961064
Programmieren mit R	979-8308053439

www.ingramcontent.com/pod-product-compliance
Lightning Source LLC
Chambersburg PA
CBHW070836070326
40690CB00009B/1568